本书是国家社科基金项目"网络平台治理法律理论建构和应用研究"（批准号：17BFX166）成果。

网络与信息法研究丛书
总主编：周汉华

中国网络广告发展与法治研究

周辉 主编

中国社会科学出版社

图书在版编目(CIP)数据

中国网络广告发展与法治研究 / 周辉主编 .—北京：中国社会科学出版社，2019.3
ISBN 978-7-5203-3973-5

Ⅰ.①中⋯　Ⅱ.①周⋯　Ⅲ.①网络广告-广告法-研究-中国　Ⅳ.①D922.294.4

中国版本图书馆 CIP 数据核字（2019）第 021064 号

出 版 人	赵剑英
责任编辑	许　琳
责任校对	鲁　明
责任印制	李寡寡
出　　版	中国社会科学出版社
社　　址	北京鼓楼西大街甲 158 号
邮　　编	100720
网　　址	http://www.csspw.cn
发 行 部	010-84083685
门 市 部	010-84029450
经　　销	新华书店及其他书店
印刷装订	北京君升印刷有限公司
版　　次	2019 年 3 月第 1 版
印　　次	2019 年 3 月第 1 次印刷
开　　本	710×1000　1/16
印　　张	13.5
插　　页	2
字　　数	209 千字
定　　价	59.00 元

凡购买中国社会科学出版社图书，如有质量问题请与本社营销中心联系调换
电话：010-84083683
版权所有　侵权必究

网络与信息法研究丛书编委会

顾　问：李　林

主　任：周汉华

委　员：（按姓氏笔画排列）

　　　　马民虎　王卫国　龙卫球　申卫星

　　　　时建中　张　平　张新宝　姜明安

　　　　姚　辉　徐汉明　蔡立东

丛书总主编：周汉华

丛书执行主编：周　辉

《网络与信息法研究丛书》序言

新一轮科技革命与产业变革，网络与信息化的快速发展，快速改变了传统的生活方式与生产方式，数字化生存已然成为现实，带给人们各种巨大的便利。一方面，互联网公司推动科技创新的人与事，成为年轻人津津乐道的议题与热点，未来的脚步声已经依稀可辨；另一方面，随着网上网下深度融合，各种问题也逐步浮出水面，并引发越来越广泛的关注。网络游戏沉迷、大数据杀熟、搜索竞价排名、平台不正当竞争、个人信息泄露、网约车安全、网络攻击、算法歧视、假冒伪劣、网络名誉侵权与谣言传播等，无时不在撞击着人们的敏感神经，要求监管部门做出回应。

与高歌猛进的网络技术发展和商业模式创新相比，公共政策、法律规范、监管制度的变革明显要滞后很多。并且，本轮信息化浪潮前所未有，使得这种滞后的程度远远超出人类历史上任何一个时期。短短二十多年间，网络产业已经从需要"避风港"庇护的新生儿迅速成为网上网下融合的"巨无霸"，推动重新定义财富分配、权力结构甚至社会秩序。网络产业的这种快速发展，归因于其快速演变与迭代的基本特性，从最初的简单"连接"平台迅速成为社会资源配置的基础设施。面对"乱花渐欲迷人眼"的纷繁图景，一些人仍然习惯用"前互联网时代"的规则套用互联网产业，其结果必然是削足适履，既错失发展机遇，又不可能实现治理目标；一些人无视网络产业发展壮大以后承担的社会责任也需要加强的常识，正在快速从时代"弄潮儿"变成为既得利益者，最后难免会被时代抛弃。《电子商务法》制定过程中，社会各界对于第三十八条第2款电子商务平台经营者对平台内经营者的资质资格未尽到审核义务，或者对消费者未尽到安全保障义务，究竟是应该承担"连带责任"还是"补充责任"或者是"相应责任"的激烈争论，就反映了对平台性质的不同代际认识。从每次发生的类似争论中可以看到，在适应网络社会发展的新规则出现之前，全社会似乎都在感受新生命诞生之前的阵痛与不安。

其实，在互联网产业相对不那么发达的欧盟国家，互联网公司一直面临很大的监管压力，不仅有个人数据保护要求和反垄断执法压力，也可能面临改变行业格局的平等税开征。非常有意思的是，在互联网行业最为领先的美国，这两年也出现了普遍的批判反思现象。不仅保守派的特朗普总统亲自上阵，左批亚马逊公司导致线上线下不公平竞争，导致线下实体店关闭，右批谷歌、脸书、推特等公司误导美国民众，有意屏蔽保守派信息；就是对硅谷一直支持的自由派人士也时有惊人言论，批评互联网公司不但滥用个人信息，还垄断人们的认知与思考，导致全社会快速滑向一个可怕的"没有思想的世界"（Franklin Foer 语）。正是在互联网的发源地，加州在全美率先通过了非常严苛的个人数据保护法律；联邦政府制定个人信息保护法律的前景也大大不同于二、三年前，学界、非政府组织与企业界正在快速形成立法共识。

显然，网络社会要进一步发展，已经到了一个值得也应该深刻反思的关键节点，要让快速飞奔的巨大躯体放慢一下脚步，稍微倾听一下内心的声音；互联网业界有义务推动研究适应时代要求的新规则体系，让全社会一起进步，共享发展红利。只有经历风雨，才能看见彩虹，我们相信，经过又一次洗礼的网络产业与网络社会，一定会迎来更为美好的发展前景。

作为中国法学会网络与信息法学研究会会长单位，中国社科院法学所高度重视网络与信息法研究，在国内率先专门新设了国家级实体性研究部门"网络与信息法研究室"。中国社科院法学所网络与信息法研究室策划本套丛书，有几个方面的考虑：

一是强调问题意识，不回避问题，聚焦问题，通过对网络与信息化发展中突出现实问题的会诊，剖析问题原因，寻找问题解决方案。也许我们不能解决所有问题，但至少通过对问题的聚焦，可以引发大家的思考，以凝聚共识，为最终找到解决方案奠定基础。

二是体现专题研究特点，避免泛泛而论。丛书中每本书都会聚焦一个主题，从理论到实践，从国内到国外，从过去到未来，全景展示，尽量细化，尽量全面，引导研究逐步深入。因此，每本书都争取成为本领域的必选参考书，成为后续研究的助力点。

三是务求前沿，及时反映网络信息化领域最为前沿的法律问题与挑战。网络时代，唯快不变，唯变不变。面对大量的新问题、新挑战，丛书在选题上将突出创新意识，尽量向前沿问题倾斜，聚焦新问题。只有跟上时代快速发展节奏，针对前沿问题的研究，才能最大程度体现研究的价值。当然，聚焦前沿，也就意味着缺少参照与标准，意味着更大的研究难度和更少的社会共识。

四是保持中立、多元与客观，体现独立研究价值。只有客观，才有生命力。本套丛书只是起连接不同资源的平台作用，不预设立场，不统一结论，充分尊重每一位研究者的独立研究。每个问题，每个结论，都由不同的研究者独立做出，并不要求必须统一。真理越辩越明，没有人能够垄断真理。为保持客观性，我们争取让各种不同的声音都能在平台上得到表达，在多元对话中寻求共识。我们希望这个系列产品能够坚持下去，成为中国网络与信息法研究的精品工程，成为不同观点的表达平台，成为有效解决方案的孵化器。丛书将坚持百花齐放百家争鸣，在选题、观点、作者等各个方面，都体现兼容并蓄精神，推动学术共同体成长。

万事开头难。尤其从事一项长期性研究工作，某种程度上可能是一件"吃力不讨好"的事。为此，诚挚希望能够得到读者的宽容、理解与支持，更盼望越来越多的人能够加入进来，共同推动中国网络信息法研究蓬勃发展。

周汉华
2018 年 10 月 6 日

本书编委会

主　任：周汉华
副主任：周　辉
委　员：谷海燕　庞小妹　王　磊　张丽君
　　　　孟　洁　王　喆　王绍喜　孟兆平
　　　　任张卫
主　编：周　辉
副主编：王　磊

目　　录

第一编　中国网络广告行业发展

第一章　网络广告概述 (3)
一　网络广告的兴起 (3)
二　网络广告定义 (3)
三　网络广告特点 (4)

第二章　网络广告行业的飞速发展 (6)
一　2016—2017年网络广告的整体发展 (6)
二　移动端广告业务增长率最高信息流广告增势迅猛 (7)
三　电商广告超搜索广告位居首位 (8)
四　程序化购买带动更多广告业务增长 (9)

第三章　网络广告的主要类型 (10)
一　信息流（原生）广告 (10)
二　社交广告 (10)
三　视频广告 (11)
四　付费搜索广告 (12)
五　直播间广告 (13)
六　电商广告 (13)
七　智能屏与智能设备广告 (13)
八　数字户外广告 (14)

第四章　网络广告产业变革 ……………………………………（15）
一　大数据为网络广告带来智能化前景 …………………………（15）
二　网络广告新技术与新概念带动广告产业融合 ………………（20）
三　垂直媒体细分及跨界 …………………………………………（21）
四　从门户时代、流量为王走向大数据与智能化 ………………（22）

第二编　网络广告中的主体责任

第一章　广告主及其责任 ……………………………………（25）
一　广告主的定义 …………………………………………………（25）
二　广告主的义务 …………………………………………………（26）
三　广告主的责任 …………………………………………………（31）
四　特殊广告主的主体责任 ………………………………………（40）

第二章　网络广告经营者与发布者及其责任 ………………（45）
一　网络广告经营与发布者认定 …………………………………（45）
二　网络广告经营者与发布者义务 ………………………………（50）
三　网络广告经营者、发布者的责任 ……………………………（71）

第三章　网络广告中互联网信息服务提供者的主体地位和法律责任 …………………………………………………………（80）
一　互联网信息服务提供者的主体地位及法律责任 ……………（80）
二　各国网络信息内容管理现状及广告信息审核规则综述 ……（93）
三　互联网信息服务提供者在网络广告领域的法律责任辨析 …………………………………………………………（103）
四　互联网信息服务提供者对网络广告的审核标准 …………（111）

第四章　广告代言人及其责任 ………………………………（113）
一　广告代言人的认定 …………………………………………（113）
二　广告代言人的义务 …………………………………………（124）
三　广告代言人的主体责任 ……………………………………（133）

四　小结 ………………………………………………………… （140）

第三编　专题：程序化购买广告

第一章　程序化购买广告的发展 ……………………………… （145）
一　程序化购买广告简介 ………………………………………… （145）
二　程序化购买广告的发展历程 ………………………………… （147）
三　程序化购买广告的发展方向 ………………………………… （148）

第二章　程序化购买广告的概念和平台构成 ………………… （150）
一　程序化购买广告的概念 ……………………………………… （150）
二　程序化购买的平台构成 ……………………………………… （154）

第三章　各方主体法律责任的分配 …………………………… （159）
一　广告主、广告发布者、经营者的责任分配 ………………… （159）
二　需求方平台的法律责任 ……………………………………… （162）
三　媒介方平台的法律责任 ……………………………………… （167）
四　广告交易平台的法律责任 …………………………………… （168）
五　数据管理平台的法律责任 …………………………………… （169）

第四章　相关问题及建议 ……………………………………… （170）
一　程序化购买广告的违法投诉渠道 …………………………… （170）
二　用户个人信息的保护 ………………………………………… （171）
三　广告主利益的保护 …………………………………………… （173）
四　发挥程序化购买广告对版权保护的价值 …………………… （174）

第四编　典型案例

第一章　民商事案例 …………………………………………… （179）
一　案例详情 ……………………………………………………… （179）
二　案例评析 ……………………………………………………… （180）

第二章　行政案例 ……………………………………………（182）
一　网络广告的执法管辖 ………………………………（182）
二　商品类 ………………………………………………（183）
三　食品、保健食品、药品类 …………………………（187）
四　医疗类 ………………………………………………（190）
五　金融投资、收藏品类 ………………………………（194）
六　网络广告行为规范类 ………………………………（198）
七　服务类 ………………………………………………（199）

后记 …………………………………………………………（202）

第一编

中国网络广告行业发展

第一章　网络广告概述

一　网络广告的兴起

1994年10月14日，美国著名的Hotwired首次推出Hotwired网络版，其主页上开始有AT&T在内的14则广告主的Banner。这是世界上网络广告的开端。

我国互联网起步较晚，但发展很快。我国第一个商业性的网络广告出现在1997年3月。IBM和英特尔公司为宣传其新产品制作了动画旗帜广告，Chinabyte赢得了中国历史上第一笔网络广告订单。此后的20年里，无论国内还是国外，网络广告都呈现了爆炸式的增长，以网络技术为基础的数字化传播环境对整个广告业都造成了直接的冲击，互联网则成了继报纸、杂志、广播、电视等传统媒体之后最强有力的广告发布载体。[1]

二　网络广告定义

数字时代，广告被重新定义为："由一个可确定的来源，通过生产和发布有沟通力的内容，与生活者进行交流互动，意图使生活者发生认知、情感和行为改变的传播活动。"[2]

具体到网络广告的定义，美国学者霍金斯（John Howkins）认为，

---

[1] 刘双舟：《互联网广告需要新的专门立法》，《青年记者》2015年第25期。
[2] 陈刚、潘洪亮：《重新定义广告——数字传播时代的广告定义研究》，《新闻与写作》2016年第4期。

网络广告即电子广告，指通过电子信息服务传播给消费者的广告。① 国内有学者认为网络广告是指"互联网信息服务提供者通过互联网在网站或网页上发布的以数字代码为载体，以旗帜、按钮、文字链接、电子邮件等形式发布的各种经营性广告。"② 这一定义将互联网信息服务提供者作为广告发布者，容易引发混淆。考虑到网络广告的特殊性在于载体而不在于发布的主体，结合广告进行推广的目的，一个更为合适的定义是：网络广告是一种"以互联网为载体，以多媒体技术为手段，以推广宣传特定信息为目的的传播活动。"③

三　网络广告特点

网络广告的范围广泛，根据不同的标准可以分为不同的种类，一般有三种分类的方式：（1）根据网络广告的尺寸大小，可分为全屏广告、伸缩通栏广告、标准横幅式广告、按钮式广告、矩形广告等；（2）根据网络广告的投放形式，可分为邮件广告和网页广告两种形式。网页广告形式多样，具体又包括定位广告、主题广告、插页式广告、互动游戏式广告、墙纸式广告、浮动广告、屏幕固定位置广告以及踏出式广告等；（3）根据网络广告的制作方式，可分为文字链接广告、音频视频广告、静态图片广告和动态广告。④

网络广告具有鲜明的特点。相比传统广告，网络广告受众多、传播范围广、互动性强、表现形式丰富、进入门槛更低。⑤ 网络广告具有显著的交互性、灵活性、广泛性、针对性、便捷性、海量性等特点。对广告受众而言，不再像面对传统大众媒体那样，被动地、单向地接收广告

---

① 屠俊龙：《网络广告教程》，北京大学出版社2005年版，第253页；刘大年、刘千桂：《网络广告的信息价值增值》，《南京邮电大学学报》（社会科学版）2008年第4期。

② 陈煜库、彭俊瑜：《探究网络广告之法律规制》，《网络法律评论》2008年第1期。

③ 余人、高乔：《新〈广告法〉中互联网广告规定的更新与局限》，《中国出版》2016年第3期。

④ 张家超、俞海莹：《Internet 网络广告的分类学研究》，《连云港职业技术学院学报》2003年第2期。

⑤ 吕蓉：《广告法规管理》，复旦大学出版社2011年版，第162—163页。

信息,而是能够主动地选择自己感兴趣的广告进行深入了解,或对自己不感兴趣的广告迅速掠过。对广告主而言,投放广告也不再受明显的时间、空间的局限,依托网络环境的互动、分众等传播属性和网络技术的筛选、定位等功能,广告发布平台能够细化用户群体,勾勒用户群特征。[①] 网络广告的传播突破了时空的限制,把产品、服务等广告信息传播到互联网所覆盖的任何国家地区,庞大的网络广告能够容纳难以计量的内容和信息,使得广告主或广告代理商可以做更广泛的宣传。[②] 这些特征使得网络广告具有传统广告无可比拟的优势,对传统广告造成了巨大的冲击。

[①] 余人、高乔:《新〈广告法〉中互联网广告规定的更新与局限》,《中国出版》2016年第3期。

[②] 张海鹰、滕谦:《网络传播概论》,复旦大学出版社2001年版,第62页。

第二章 网络广告行业的飞速发展

一 2016—2017年网络广告的整体发展

网络技术的发展同样是网络广告发展的主要动力，2016年是中国网络广告市场精准化广告概念及实践晋级的重要年份，精准化广告已经从过去的人群标签化技术特征逐渐衍生出更为智能的人群基因化技术特征，从过去的单一标签组合数量优势变为机器学习标签、内容分析模型等不同多种人群分析模式。基于LBS的VR空间技术，也为营销行业带来了不小的影响，得益于数字移动设备GPS模块与陀螺仪硬件的不断成熟，更多基于地理位置与空间数据的应用产品、媒体产品与广告产品相继问世。LBS与VR的技术优势适用于从位置互动信息、地理位置社交到商务位置服务等网络服务中的各个领域，在广告行业市场中，LBS的不断进步让互联网程序化定向技术更加完善。VR的沉浸式体验则在整体传播市场中发挥出了巨大的营销潜力，封闭的空间与高度互动的广告内容使得品牌影响力可以得到更好的认知与认可。

在移动端通信技术发展上，诸如信息流媒体等以移动互联网为代表的新媒体与传播手段的发展，使得网络广告获得更多多元化发展的机会与驱动力。因为各运营商都积极参与4G时代行业的商业性竞争，通信市场通信质量得以提高、通信资费标准相对降低、信息消费大幅得到促进，推动了移动端广告的大幅增长。移动端信号基站的建设与改造让更多人享受到了4G时代带来的丰富内容与浏览速度，更多的消费者触媒模式向移动端大幅度转移。截至2016年12月，我国手机网民规模达6.95亿，较2015年底增加7550万人。

此外，随着国家"互联网+"行动计划的不断普及以及品牌产品细分市场与物流业的快速衍变，电商新媒体不断增多，更多更加细分的电商品牌逐渐受到更多消费者的青睐，人们对电商购物的消费模式更加依赖，电商广告收入逐渐成为网络广告市场的支柱。

除了电子商务行业对网络广告的支撑，PC端视频、移动端视频及社交应用是占据用户时间最多的网络服务项目之一，基于视频娱乐内容与社交原生内容的娱乐化内容与服务是用户在网络新媒体中的首要兴趣点。未来，针对娱乐内容大数据的开发与研究将为娱乐化内容营销市场带来更大潜力。

二 移动端广告业务增长率最高信息流广告增势迅猛

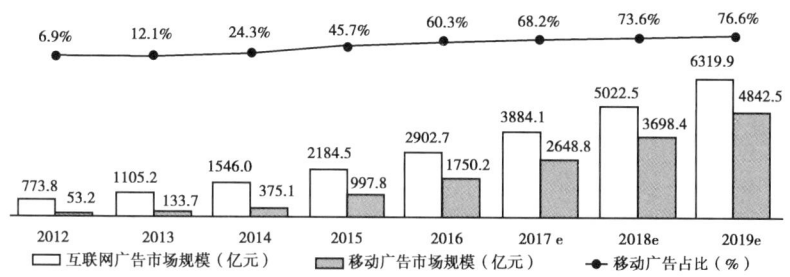

图1-2-1　2012—2019年中国网络广告&移动广告市场规模及预测

2016年移动网络广告市场规模达到1750亿元，同比增长率达75.4%，依然保持高速增长。移动网络广告的整体市场增速远远高于网络广告市场增速。

移动网络广告之所以能够迅猛发展，是因为用户对原生内容产生兴趣。同时，为了满足和细分不同用户兴趣的内容市场，移动互联网媒体正在逐渐变得更加多元与开放。得益于多元化媒体的数量增长与细分深度，原生内容与营销内容以更加碎片化、更加精准化的方式结合，不仅让广告更加容易被接受，在一定程度上还满足了用户对原生内容的兴趣度。在另一个优势上，移动互联网对内容的开放性极大地改善了原生内容的生存环境，从"文字"到"图片"、从"动图"到"视频"，从

"恶搞"到"内涵",从"影视"到"微电影",从"真人秀综艺"到"直播间秀场",越来越多的移动端媒体开始尝试打造更有利于原生内容增长的内容聚合式平台。不断涌现的优质内容则进一步地保证了用户对原生内容的新鲜感,间接增强了对广告内容的接受度和对品牌的关注度。

在另外一个层面上,随着移动端新媒体的不断成长与用户积累,移动端媒体往往可以自己创建独立的数据营销平台。在不断的数据优化与人群分析后,大部分移动端媒体都可以针对具有不同标签特点的用户投放不同的内容,并且根据目标用户的基因属性衍生出相关兴趣的内容,这解决了由于标签锁定而导致的内容单一性,同时在某种程度上解决了精准广告投放的绝对性,在真正意义上为用户推荐了"可能感兴趣的内容"或者"广告"。

除了原生内容与内容推荐,品质与独立性也是移动端快速增长的原因。以信息流广告为代表的优质移动端广告也改变了从前以剩余流量为主的移动端广告市场。优质流量进入移动广告市场为移动端广告增加了广告主在移动端投放广告的信心。与 PC 端网页不同,移动端的媒体多以信息类、服务类、游戏类等类别的应用形式为主,手机屏是目前最具黏性的数字屏幕,用户每天都会花费大量的时间观看手机屏幕。在选择应用时,用户具有一定的习惯和针对性,用户会根据之前的内容、需要的信息进行应用检索或继续使用,而手机设备的系统局限性导致同一时间段可能只有 1—2 个应用会进行有效占据,同一用户的手机常用 APP 不会过多,这一点造就了移动端市场中诸多明星应用的出现,这些明星应用具备一定的使用黏性和用户聚合能力。可以这么说,在一定程度上,明星应用的出现不断巩固了用户对移动端屏幕的依赖性。一般来讲,明星应用都有能力开发属于自己的独立广告形式或者模式,相比大部分可复制的传统广告形式,独立的广告形式与模式往往更加奏效。

三 电商广告超搜索广告位居首位

2016 年电商广告占比达到了 30%,一直保持领先地位的搜索广告由于政策与负面事件影响，份额出现了较大程度的下滑。[1] 综合流量入口第一次让位于垂直流量入口。与其他垂直媒体相比，电商是直接产生售卖的线上媒体，效率更高、转化更快。传统的综合类搜索引擎已经无法满足用户对具体商品、品牌的深度搜索与直接购买的需求，相对更加全面、但较为模糊的综合类搜索引擎，用户更喜欢在具有一定深度的媒体中进行浏览与搜索，这可以有效地减少用户对目标信息的检索时间。

从另一个角度来看，电商广告更加接近实际效果，网络传播中大部分产品与服务都存在不同程度的O2O行为，在传播末期向电商媒体引流也成为能够带动销售效果的一大手段。这样的转化手段使得电商广告逐渐成为整体传播闭环中更为重要的一环。

四　程序化购买带动更多广告业务增长

程序化购买广告已经被广告主广泛认同，2016年市场规模达到308.5亿元人民币，增长率为68.1%。从媒体采买到用户细分，再到场景化广告、目标受众、媒体与屏幕，程序化购买广告让广告商业模式中的各个因素形成合力，通过大数据打通以上各个环节后完成广告的洞察、监测与效果。首先，这样的商业模式使得广告主可以得到更高效和更高性价比的广告效果。其次，在面对大笔媒体资源采买时，程序化购买广告可以做到真正意义上的广告跨屏联动而不失效率。

除了聚合资源、打通场景的优势，广告程序化购买平台还不断增强新媒体与广告形式的融合能力。在大数据分析经验与技术持续增长的同时，数据采集技术也在逐渐丰富。随着数字屏幕从PC端、移动端、PAD端、OTT逐渐覆盖到线下端，依靠传感器数据探测与大数据串联，程序化购买广告可以直接打通线上线下广告数据与广告投放。

---

[1]《2017年中国网络经济年度监测报告》，http：//www.iresearch.com.cn/Detail/report?id=3000&isfree=0，最后访问时间：2018年9月25日。

第三章 网络广告的主要类型

一 信息流（原生）广告

信息流内容依旧主导整体网络传播内容的未来趋势。无论是新媒体或是广告本身，原生性会一直影响用户对其内容的关注度与兴趣度。这些创意与动力将为整个网络传播媒体带来更多的广告机会和传播效果。并且，原生内容将会更加细分化，大型综艺、电视剧等娱乐内容会更多地以 UGC/PGC 形式涌现。比如，过去的大型现象级娱乐内容将会逐步呈现两种状态，一种是更加短暂的生命周期，另一种是主流内容的观众群将逐步减少。而对广告主而言，如何把握好与原生内容的联系点与程度则是未来基于原生内容广告的重中之重。

信息流广告最早于 2006 年出现在社交巨头 Facebook 上，随后 Twitter、Pinterest、Instagram 和 LinkedIn 以及国内的 QQ 空间、微博和人人网等社交媒体也相继推出信息流广告。[①] 它可以以一种十分自然的方式融入用户所接受的信息当中，用户触达率比较高，也是目前市场中较为主流的投放方式。

二 社交广告

带有社交属性的广告在 2017 年开始发展。广告不能再仅仅是摆在网页上的图片，而更加具备社交性与互动性。目前广告市场中一共有三

---

① 《信息流广告平台你知道多少？》，http://www.sohu.com/a/145942660_767497，最后访问时间：2018 年 9 月 25 日。

种较具代表性的社交类广告形式。

第一种是基于社交媒体的信息流广告，主流代表是以微信朋友圈与新浪微博等大型社交平台的社交信息流类广告。这一类社交广告一般将广告位放在朋友信息或各类原生信息经常出现的板块中，以瀑布流付费的方式在随机或固定位置呈现，试图将广告以更加原生的信息形态进行曝光，让用户以捕捉信息的心理去阅读广告。

第二种是利用社交属性的特点去编辑广告素材或内容，这一类的广告内容的主流代表是《王者荣耀》，以"无处不在，你也在玩"的宣传口号与宣传素材去强调《王者荣耀》的社交基因。社交属性的广告更加强调人与人的关系，树立以社交属性为优势的产品价值，让用户更加接受广告素材所传播的内容。同时，这类广告往往本身就具备很强的社交属性，并且，对于这种强调社交属性的广告，最好的传播平台也是社交类新媒体。

第三种是利用新的社交类媒体，这一类的代表是直播间广告。秀场社交的阵地一直以来都为年轻人所占据。基于秀场类的媒体广告也逐渐居多，一般由于主播的人气关系，秀场具备一定固定人群社交属性，用户通过对主播的关注，会同时注意到主播所在场景、主播口播内容、直播间嘉宾等等的传播相关内容。同时，直播间也具备部分比较创新的固定广告位采买资源。

三　视频广告

随着中国互联网、移动互联网、移动通讯与移动网络等基础设施建设不断完善，PC端视频、移动端视频与PAD视频已经是目前用户日常占用最长时间的娱乐内容。在过去的几年中，通过市场对各类大IP所表现出价值的认可，视频广告蓬勃发展，从2012年的12.1%到2016年的26.5%，视频广告市场份额增长一倍多。在未来，各大视频平台将依旧是优质原生内容的重要载体，同样，优质原生内容还会带动各PGC/UGC内容的生成和传播，其广告市场规模未来价值极为可观。此外，基于视频平台的各类广告形式也在广告互动性上不断做出新的尝试，比如双屏互动广告、声波互动广告与图像识别广告。在内容数据分析与程

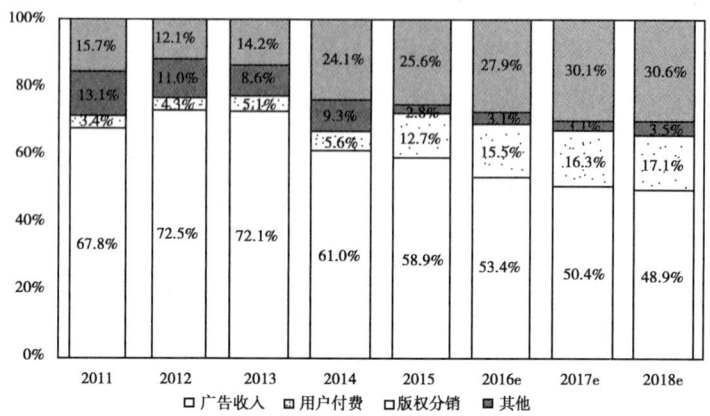

注释：1.其他收入包括游戏联运、电商等业务收入以及互联网电视销售收入；2.由于四舍五入的原因，各部分加总值不等于100%。
来源：综合企业财报及专家访谈，根据艾瑞统计模型核算，仅供参考。

图 1-3-1　2011—2018 年中国在线视频行业收入构成

序化购买方面，国内已经有不少公司在做相关方面的研究与开发，这些工作将会为视频内容带来更多可以与广告融合、更加贴近用户需求的优质视频广告。

四　付费搜索广告

付费搜索广告也叫竞价排名PPC，付费搜索的基本特点是按点击付费，推广信息出现在搜索结果中（一般是靠前的位置），如果没有被用户点击，则不收取推广费。[①]

PPC 也就是 Pay Per Click，很多人都会知道 ADWORDS 和百度推广，也有很多人管这个叫搜索引擎营销 SEARCH ENGINE MARKETING（简称 SEM），实际上 SEM 不等于 PPC，PPC 只是 SEM 的一部分，搜索引擎优化 SEARCH ENGINE OPTIMIZATION（简称 SEO）也是 SEM 的一部分。当然，这些搜索排名竞价也只是 PPC 的一部分。

2000 年 10 月 23 日，随着 GOOGLE ADWORDS 进入中国，线上搜索广告不仅给这个电子商务巨头带来大量收入，也激发了中国线上企业

---

① "付费搜索"，百度百科，https：//baike.baidu.com/item/%E4%BB%98%E8%B4%B9%E6%90%9C%E7%B4%A2，最后访问时间：2018 年 9 月 25 日。

的发展。很多企业开始踏入竞价排名广告，GOOGLE ADWORDS、百度、搜狗、有道等广告服务商是目前市场上较为主流的付费搜索广告媒体。

五 直播间广告

目前直播平台大约分成两类：一类是以斗鱼、战棋、虎牙为代表的游戏直播平台；另一类是以 YY、映客、花椒、一直播（源自小咖秀）等为代表直播平台。直播平台的广告形式主要为内容直播、主播口播、场景直播、事件活动直播等方式。

六 电商广告

电商广告主要以网幅广告、文本链接广告、电子邮件广告、富媒体广告、定向广告为主。[①] 电商广告经历了较长时间发展历程，到如今已经成为国内网络广告中最为主流的一类广告。随着整体网络广告形式的不断更新，电商广告也在不断推陈出新，比如与直播间平台合作的直播间电商广告（点击即可购买）、与视频网站合作的结合图像识别技术的商品识别电商广告等新技术手段形式，为未来的电商广告带来了新的赢利点。

七 智能屏与智能设备广告

智能屏与智能设备已经开始逐渐进入人们的日常生活当中，从智能家装到可穿戴式设备，从数字梯厢屏幕到巨型数字天幕，数字户外媒体与智能设备屏幕将逐渐覆盖甚至取代我们日常生活当中的各个场景。在现在，智能屏与智能设备覆盖率还处在较低的发展位置，但是未来这两种屏幕将成为相当具有潜力的广告媒介。智能屏与智能设备将包含语言

---

① 余人、高乔：《新〈广告法〉中互联网广告规定的更新与局限》，《中国出版》2016 年第 3 期。

识别、图像识别、人体感应等多种高新技术手段，让未来的广告更加人性化、更受欢迎。

八　数字户外广告

在最近几年，广告行业内首次出现了打通线上线下广告数据的概念。通过数据匹配技术与算法打通数字户外广告数据与线上广告数据，可以更好地扩大网络广告的应用场景与数据稳定性。在对数字户外广告进行一定的技术配置后，数字户外广告无疑将成为网络广告中重要的数据节点与广告传播节点。同样，数字屏也将成为网络智能广告屏幕终端网络中一个新角色。

第四章 网络广告产业变革

一 大数据为网络广告带来智能化前景

近年来,用户使用媒体与社交网络的方式发生了巨大的变化。一个很好的例子就是移动媒体提供了难能可贵的便利性,打破了信息传输中的空间限制和时间习惯限制。移动媒体是高度碎片化的无序信息源,促使我们去提升管理大量信息的能力。这种环境下,广告主都想要找到优质的服务、技术、应用,来帮助自己组织和实施程序化的广告宣传。

对于智能广告投放来说,基于人工智能的广告投放是未来最理想的广告投放方式。人工智能技术中应用最广泛的莫过于机器学习。机器学习的本质就是将人的操作/思维过程的输入与输出记录下来,然后统计或训练出一个模型用来对新的数据进行预测,使得这个模型对输入输出达到和人类相似的表现,这种方式也慢慢成了现代强人工智能最基本的核心理念。[1]

易龙是国内较早关注智能广告的学者,其从识别方式、发布方式、内容生成和效果监测四方面总结了智能广告的主要特征:[2]

1. 受众识别的智能化

智能广告首先要解决的问题就是如何精确地识别广告的目标受众。受众的细分是一个鲜明的趋势,细分的同时伴随着的是新的聚合方式,而受众识别的任务就是发现细分后个性化了的人以及重新聚合了的群

---

[1] 盖乐传媒:《大数据时代的 DSP 精准广告+人工智能技术》,http://www.sohu.com/a/77587028_419915,最后访问时间:2018 年 9 月 25 日。

[2] 易龙:《智能广告初论》,《新闻界》2008 年第 4 期。

体。从现有的模式来看，受众的选择和识别方式有以下几种：

（1）基于网络用户使用行为的识别方式

这种识别方式主要结合 IP 和 Cookie 方式追踪和收集用户信息，发现用户的浏览兴趣和使用行为。通过使用探针检测、Netflow 采集、DNS 访问统计、鼠标轨迹分析（鼠标点击热图）、基于系统日志收集技术等数据采集技术，可以获取大量网络用户使用行为方面的数据。除此之外，用户的属性数据和价值数据、本企业和竞争对手的经营数据等业务数据还可以从业务系统或者通过情报分析获取。

采集到原始数据后，要对数据进行分析。根据网络数据、用户数据和业务数据，制定相关的数据过滤、预处理、数据综合分析处理等程序，从中获取有价值的分析结果，并以准确直观的方式表示出来。现有的一些技术已经能够分析出网络用户的人口统计学方面的信息。

（2）基于页面内容的识别方式

基于网页内容识别用户的定向网络广告（Content-Targeted Advertising）大大拓展了广告投放的空间，增加了被用户浏览的机会。这种识别方式是对基于关键词识别方式的一种演进。这种识别方式使用智能技术分析页面内容，进而对用户使用习惯作出判断。通过用户浏览过的页面进行内容分析，根据信息主题对页面进行聚类。把用户浏览行为对其兴趣的作用列入聚类结果，得到综合评估模型。页面内容的分析受计算机自然语言处理水平的限制，比如有时会产生在关于"人工智能"的网页内投放"人工流产"广告的失当行为。

（3）基于内容过滤的识别方式

这种识别方式多见于一些社会性网络（Social Networking）中，这些网站通过诸如类型、关键词、标签等表述、分类或评价方式来建造个性化的发现和推荐机制。通过这类网络服务，可以很好地发现具有不同个性特征的用户。比如，国内用户熟悉的音乐推送网站"潘多拉"（Pandora.com）。只要在"潘多拉"网站首页的播放器中输入用户最喜欢的歌手名字或者歌曲标题，网站就会自动建立一个网络电台，源源不断地播放最符合用户品位的曲目。

（4）基于协同过滤的识别方式

协同过滤（Collaborative Filtering）技术是推荐系统中应用最为广泛

的技术之一。协同过滤的推荐对象是一组具有相同兴趣的用户。协同过滤基于这样的假设：为用户找到他真正感兴趣的内容的好方法是首先找他与他兴趣相似的用户，然后将这些用户感兴趣的内容推荐给此用户。国内网民比较熟悉的当当网、豆瓣网等就使用了协同过滤技术。这种过滤方式是基于一定的推荐算法，通过这些算法可以推测出用户喜欢的内容。当然，除了运用智能技术，协同过滤也大量借助了网民自身的力量完成推荐任务。协同过滤方式使网络能够更加智能化和个性化地向用户推荐他们所喜欢的东西，也包括适合他们接受的广告信息。

2. 广告发布方式的智能化

据艾瑞网消息，一个完全自动化的广告网络业已发布。它能将几种价格模式和定向方式混合在一起，以保证广告获得最好的设置，广告主获得最大的投资回报。消息详细报道了 Turn 公司刚刚发布的与众不同的广告网络 Turn Smart Market，它能够根据一些因素自动选择将广告放置在哪里。这些因素包括用户信息、站点分析、内容和广告过去的表现等。由于把不同的定向方法联合起来，该广告网络可以采用几种价格模式，如 CPA、CPC 和 CPM 等。Turn 的机器知识平台可以预测什么广告和价格模式结合后，能给广告主带来最多的收入，给消费者带来最大的相关性。广告主保留着排除某些发布商站点的权利，并且可以根据效果反馈和回复分析来调整广告活动。但是对于广告出现在哪里则基本没有控制权。

3. 广告内容生成的智能化

广告内容的生成能够根据受众识别的结果并配合广告发布系统进行精确匹配、智能组合，生成适合特定用户的特定广告信息。

当然，这只是在广告推送过程中使用了智能匹配技术，广告内容生成更具智能化的目标广告内容生产本身的"智能化"，这种生产过程是通过智能网络挖掘人类智慧潜能，进而生产出最具传播力的广告内容。

4. 广告效果监测的智能化

为了网络广告的科学投放，需要对广告效果进行系统有效的监测，对受众行为进行科学分析，从而保证网络广告投放的效果。在网络广告效果监测方法方面，最有效的方式便是采用智能监测系统。比如 DoubleClick 公司推出的 DART（Dynamic Advertising Reporting and Targeting）

便是一款业界领先的广告智能管理监测系统,其含义是动态广告传送及精准传送。该系统能够对在线广告和其他数字传播渠道进行管理、跟踪服务和报告,帮助网站在现有架构上最大限度地实现客户广告的命中率。①

同时,程序化购买也为广告实现了智能化流水线作业。

程序化购买指的是通过数字平台,代表广告主,自动地执行广告媒体购买的流程。与之相对的是传统的人力购买的方式。程序化购买的实现通常依赖于需求方平台 DSP 和广告交易平台 Ad Exchange。它包括 RTB 实时竞价模式和 non-RTB 非实时竞价模式。

程序化购买是指通过数字平台代表广告主自动地执行广告媒体购买流程,与之相对的是传统人力购买方式,也就是以前我们用人力购买媒体广告位的方式,而 Ad Exchange 的出现逐步改变了广告的购买方式,从而转向程序化购买。②

Ad Exchange 就是网络广告交易平台,像股票交易平台一样,Ad Exchange 连接的是广告交易的买方和卖方。和股票交易平台不同的是,Ad Exchange 平台的竞价机制不是先到先得而是通过竞价获得,并服务于买卖双方的。面向广告售卖方,网站主或网站代理可以管理各自的广告位,专注于广告位优化、展示有效性优化、展示竞价优化。当消费者浏览网站时,此次曝光机会被收集到 Ad Exchange 中。③

程序化购买有两大优势:一是优化效率:广告主只需确定大致的投放要求即可购买,省去了商业谈判的人力成本;二是更加精准:程序化购买能够实现广告的最优化投放,抛弃了硬广时代的"大水漫灌",瞄准广告主需要的受众进行精确打击。④ 这些优势也让广告主开始转向这

---

① 易龙:《智能广告初论》,《新闻界》2008 年第 4 期。
② 《身为品牌广告主,你需要的是 RTB 还是 PMP》,《互联网周刊》,http://www.ciweek.com/article/2015/0530/A20150530567862.shtml,最后访问时间:2018 年 9 月 25 日。
③ 悠易互通:《程序化购买+户外:营销大有可为》,《市场瞭望》(上半月)2015 年第 8 期。
④ 纪佳鹏:《专访悠易互通 CEO 周文彪:程序化购买将是趋势》,《21 世纪经济报道》2013 年 8 月 19 日。

个新大陆：美国宝洁已将 75% 的数字广告预算用程序化进行购买投放，而美国运通甚至把这个比例提高到了 100%。在国内，一号店、海尔、陆金所也都或多或少地进行了程序化购买尝试。①

刘亚超从以下三方面展望了程序化购买的未来发展方向：②

1. 富媒体"程序化购买+"

目前，网络广告已实现程序化购买。而对于户外媒体与程序化购买的融合与碰撞上，国外户外媒体的转型进程早已加速。2014 年澳大利亚数字户外广告公司 Val Morgan 宣布，旗下 PumpTV 加油站媒体网络已实现程序化购买，所有媒体可以基于实时的受众测量来进行自动化的交易。在 2015 年 5 月，视频 DSP 公司 TubeMogul 也宣布与户外广告交易平台 Site Tour 合并。

至此，数千块跨国户外电子屏参与到程序化购买中，数字户外的程序化购买时代已然来临。在国内，悠易互通与广州报业集团粤传媒合作，成立悠广通广告技术公司，利用程序化购买将数字营销和传统媒体整合。悠易互通同时提出"程序化购买+"概念，将全方位整合包括 PC、移动、视频平板、户外、平面以及电视等资源，用数据打造更完整的营销生态链。这种概念也与最近热捧的物联网升级版"万物互联"不谋而合。

2. 解决多平台投放的效果评估问题

一个著名的调查显示，大量用户在看过 Facebook 上的 feed 流广告之后产生了购买行为，却从未点击过广告。点击率不代表到达率，这使得程序化广告的效果难以评估，原本一些广告主对程序化广告的效果就有怀疑，如果没有科学的评估算法，无法破解广告主的怀疑。③

3. PMP 的发展

PMP 是"程序化广告的新高度"。PMP 的形式基本规避了程序化购

---

① 纪佳鹏：《品友互动：程序化购买从概念转向价值》，《21 世纪经济报道》2015 年 5 月 22 日。

② 刘亚超：《中国程序化广告投放模式研究——以 RTB 广告为例》，《新闻研究导刊》2016 年第 19 期。

③ 《程序化购买将成广告投放的趋势》，http://www.sohu.com/a/20450127_115207，最后访问时间：2018 年 9 月 25 日。

买的几大弊端，通过 PMP，广告主确认了所能得到优质的广告位，而又能够用程序化的方式来管理广告投放，实现上文叙述的程序化的诸多好处。几年前，大多数人对程序化购买的概念一片空白，而今，程序化购买已成大势所趋。从"什么是程序化购买"到"程序化购买+"，发展速度让人惊叹。[①]

二 网络广告新技术与新概念带动广告产业融合

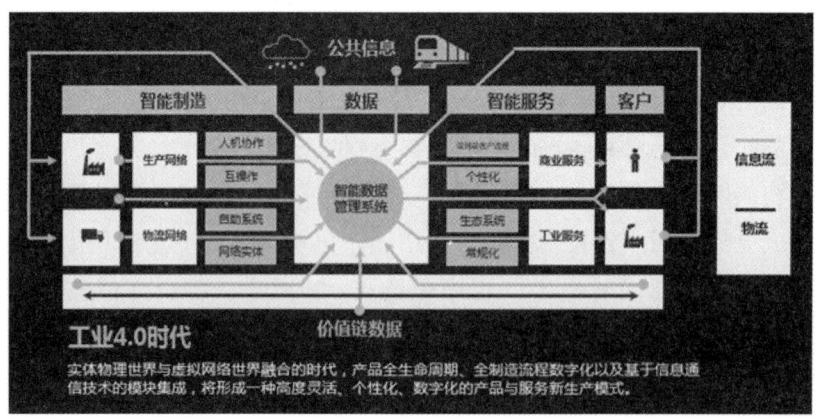

图 1-4-1 工业 4.0 时代

大数据将以一种去中心化的形式出现，并全面覆盖产品完整的生命周期，从传播、需求出现、下单、生产、存储、物流到服务。这一系列生命周期中，通过数据提供的支持贯穿始终，也在这一系列的智能化操作中，生成了智能制造与智能服务两大职能工业体系。数据不再具有方向感，而是"谁"的数据"谁"做主。例如在生产订制环节，用户或系统根据自己或用户的喜好对产品进行定制，工厂根据收到的数据实时进行生产，实时发送给物流系统，最终通过智能物流系统送达用户手中。在这些流程中，可以通过诸如区块链技术去实现同步数据、同步账户、同步合约的数据、信息、征信等安全性保证。不同行业的数据进一

---

① 刘亚超：《中国程序化广告投放模式研究——以 RTB 广告为例》，《新闻研究导刊》2016 年 19 期。

步整合，这不仅仅让数据空间变得更加多元性，也为不同的产业提供了更多的融合机会，广告行业就是其中之一。通过广告行业对内部与外部的数据融合机制，我们可以实现线上线下广告行业的融合，更可以实现从广告到产品的数据整合营销。

在未来的工业或者产业数据空间中，广告产业可以第一时间收集用户的浏览、购买行为信息，通过结合各个产业数据进行分析，就可以更加清晰地找到目标产品或品牌的营销策略。同时工业4.0的智能化也可以进一步地改善广告投放的机制问题，从智能合约的生成到智能排期的制作，再到智能素材审查，甚至智能创意库。未来的广告程序化购买与新媒体技术将会不断进行产业融合与创新，为整体网络广告行业找到更多的创新增长点。

智能终端普及的时代，媒体中逐渐出现了多渠道阅读、本地化内容、用户分享、终端融合、多数据库融合等新特质。市场中的各媒体主体将会更多地运用新技术、新概念，真正做到人机交互、用户体验优化等改善媒体广告环境与效果。

三 垂直媒体细分及跨界

在此前，一种垂直媒体类别往往只包含1—2种主流垂直网站，且流量较小，只提供有限的垂直行业信息。而在今天，更多的垂直类媒体开始考虑将更多的服务与内容进行整合，也有大量的同行业新媒体开始出现，直播间媒体是视频类新媒体垂直需求继续细分的典型案例，在同类直播间产品中，你会看到相当多的直播间产品，他们会以不同的产品定位、主播特色、社交特点、相关PGC等条件去满足不同年轻人对直播平台的需求与兴趣。

除了垂直媒体继续进行细分，各个垂直媒体都在不断与周围的其他垂直媒体进行跨界融合，他们不断开放自己的API与其他媒体进行内容、产品数据、用户数据等资源的对接，这样的对接可以使垂直媒体具备更多的广告价值。在不同的两个媒体间广告数据得以互通，内容可以关联而用户甚至可以共享，这样的优势在广告投放时可以帮助广告主发现更多的潜在用户，也更方便广告主通过不同媒体数据的对比找到目标用户的潜在特性。在做社会化营销时，更容易围绕一个点在不同的媒体间扩散。

除媒体类目的细分外，更多的是在用户基因、内容判别与关联性上做出更加快速、准确的反应。对于广告而言，找准一个了解用户的垂直媒体进行投放，远比进行粗放式的广范围投放要更加有效果，而品牌与产品本身也更易与更多相关的社会事件、人物等元素进行关联。

四　从门户时代、流量为王走向大数据与智能化

在不久的将来，广告投放系统将结合大数据分析、媒体分析、内容分析等综合智能分析终端，最终实现广告的全智能化投放。所谓智能化投放，是通过数据的累计与运算，真正意义上地从媒体、用户、素材三个方面做出判断，生成最终执行策略，并且通过跨屏数据联通的方式，进行多屏幕、多场景智能投放。这将彻底改善广告投放环境与媒体采买结构，以最高效率实现广告的有效投放。

第二编

网络广告中的主体责任

第一章　广告主及其责任

一　广告主的定义

（一）广告主的定义

《广告法》第二条第二款对广告主进行了明确的定义：本法所称广告主，是指为推销商品或者服务，自行或者委托他人设计、制作、发布广告的自然人、法人或者其他组织。

广告主的认定与广告的认定息息相关，只有在认定某一活动属于商业广告以后，才会产生广告主。《广告法》第二条第一款规定"在中华人民共和国境内，商品经营者或者服务提供者通过一定媒介和形式直接或者间接地介绍自己所推销的商品或者服务的商业广告活动，适用本法"。根据这一规定，广告必须具备"主体：由商品经营者或者服务提供者自行或者委托他人设计、制作、发布的""媒介：通过一定媒介和形式来发布""目的：介绍自己所推销的商品或者服务"三个特征。

在网络环境中，广告依托的技术形式、展现形态、传播方式等都在不断发生创新和革命，广告主、广告发布者、广告经营者之间的界限变得模糊，这会给主体认定和义务的承担带来很多困扰。但是，同样作为发布广告的最终受益主体和责任承担主体，网络广告与非网络广告并不存在实质区别。即使广告主通过网络从事了广告经营和发布行为，也应一并以广告主的身份承担相应义务和责任。《互联网广告管理暂行办法》也没有对网络广告（互联网广告）主的界定做出新的规定，仍然使用《广告法》中的相关定义。

（二）网络广告主的主体认定

网络广告主的界定应遵循以下几条标准：第一，广告主必须是以推销商品或服务为目的的自然人、法人或其他组织。第二，广告主可以委托他人设计、制作广告，但是也可以自行设计、制作广告，自行设计、制作广告时不必认定为广告经营者，此时广告经营者身份被广告主身份吸收。第三，广告主可以委托他人发布广告，但是也可以自行发布广告，自行发布广告时不必认定为广告发布者。《暂行办法》第十条第三款规定了"广告主可以通过自设网站或者拥有合法使用权的互联网媒介自行发布广告，也可以委托网络广告经营者、广告发布者发布广告"。此处的"自设网站"是指广告主利用自己的官网或自己经营的其他网站发布广告，"拥有合法使用权的互联网媒介"是指广告主的官方微博，或者官方微信公众号、头条号等自媒体营销渠道。这种情况下广告发布者身份被广告主身份吸收。第四，广告主对通过他人媒介资源发布的广告内容进行实质性修改的，应当以书面等可被确认的方式通知网络广告经营者、发布者，这种通知的方式有利于确认因修改广告内容而导致违法时的责任主体。

二 广告主的义务

广告内容中的商品或服务所属行业各不相同，不同行业与人们生命、健康等重大利益的关联度及行业危险性也各不相同，因此，《广告法》对于不同行业的广告内容和广告主的要求也不同，在《广告法》中大体上可以分为普通行业、限制性行业和禁止行业三类。

（一）普通行业

普通行业通常是指危险性较小，监管力度也相对较小的行业，比如日用品、服装、文具、雨具、家居用品等。作为普通行业广告的广告主，需要承担《广告法》中针对广告所规定的普遍性义务，主要包括以下内容：

第一，广告主应当保证广告内容的合法性，不得含有《广告法》等法律法规所禁止的内容。广告主作为商品或服务的提供者，往往也是广告内容的提供者，其首要义务就是应当保证广告内容的合法性。《广告法》第九条明确规定："广告不得有下列情形：（一）使用或者变相使用中华人民共和国的国旗、国歌、国徽，军旗、军歌、军徽；（二）使用或者变相使用国家机关、国家机关工作人员的名义或者形象；（三）使用"国家级""最高级""最佳"等用语；（四）损害国家的尊严或者利益，泄露国家秘密；（五）妨碍社会安定，损害社会公共利益；（六）危害人身、财产安全，泄露个人隐私；（七）妨碍社会公共秩序或者违背社会良好风尚；（八）含有淫秽、色情、赌博、迷信、恐怖、暴力的内容；（九）含有民族、种族、宗教、性别歧视的内容；（十）妨碍环境、自然资源或者文化遗产保护；（十一）法律、行政法规规定禁止的其他情形。"除第九条规定的内容以外，广告主还不得在广告中出现下述违法情形：在广告中损害未成年人或者残疾人的身心健康的；假冒他人专利的；在广告活动中贬低其他生产经营者商品、服务或者进行任何其他形式的不正当竞争的；在广告中未经同意使用他人名义、形象的；其他侵犯他人合法民事权益的。

第二，广告主应当对广告内容的真实性负责，是虚假广告的第一责任人。《广告法》第四条规定："广告不得含有虚假或者引人误解的内容，不得欺骗、误导消费者。广告主应当对广告内容的真实性负责。"《暂行办法》第十条第一款也再次重申："互联网广告主应当对广告内容的真实性负责。"

广告法最为核心的原则就是广告的真实性原则。广告的真实性包括两个层面：一是广告商品和服务本身的客观和真实，广告中所介绍和推销的商品或服务必须是在市场上客观存在和真实可靠的；二是广告在介绍和推销中所使用表现内容和表达方式要真实，不能以虚假或者引人误解的内容欺骗、误导消费者。广告创意可以采用夸张的手法，但应当使常人能够轻易识别出广告采用了夸张的手法，不能暗示或引人误解为真实情况。

"广告主是广告活动的发起人和原动力，对自己推销的商品或服务的真实情况最为了解，由广告主对广告内容真实性进行把关是最直接和最有效的。"① 广告主应当对广告内容的真实性负责包括两层含义：一是广告主对广告内容的真实性应当负有首要责任，如果构成虚假广告，给消费者造成损害，广告主应当首先承担法律责任。二是广告主对广告内容的真实性负有举证义务，并承担因对广告内容真实性举证不能而带来的不利后果。② 广告使用数据、统计资料、调查结果、文摘、引用语等引证内容的，应当真实、准确，并标明出处。当然，广告主对广告内容的真实性负责，这并不意味着其他广告活动主体对广告内容的真实性就完全不负责任了，广告经营者和广告发布者对广告内容的真实性也负有审核义务并要承担相应的法律责任。

  违反了真实性原则的广告就会构成虚假广告，《广告法》第二十八条对虚假广告的定义和具体情形做出了明确规定。该条第一款明确了"广告以虚假或者引人误解的内容欺骗、误导消费者的，构成虚假广告"。该条第二款规定了"构成虚假广告的情形，包括：（一）商品或者服务不存在的；（二）商品的性能、功能、产地、用途、质量、规格、成分、价格、生产者、有效期限、销售状况、曾获荣誉等信息，或者服务的内容、提供者、形式、质量、价格、销售状况、曾获荣誉等信息，以及与商品或者服务有关的允诺等信息与实际情况不符，对购买行为有实质性影响的；（三）使用虚构、伪造或者无法验证的科研成果、统计资料、调查结果、文摘、引用语等信息作证明材料的；（四）虚构使用商品或者接受服务的效果的；（五）以虚假或者引人误解的内容欺骗、误导消费者的其他情形。第五项为兜底条款，旨在避免出现考虑不周的情形。第二十八条的规定第一次将误导性广告也包括到虚假广告中，这意味着一则广告如果能误导受众，也可能被认定为虚假广告。

  第三，广告主应当保证广告具有可识别性，能够使消费者辨明其为广告。网络广告因其呈现方式的多样性，更应当注意可识别性，要显著标明"广告"，使消费者能够辨明其为广告。付费搜索广告应当与自然搜索结果明显区分。除了识别以外，利用互联网发布、发送广告，不得

---

① 刘双舟：《新广告法精解与应用》，中国财政经济出版社2015年版，第60页。
② 同上书，第60—61页。

影响用户正常使用网络。在互联网页面以弹出等形式发布的广告，应当显著标明关闭标志，确保一键关闭。不得以欺骗方式诱使用户点击广告内容。未经允许，不得在用户发送的电子邮件中附加广告或者广告链接。

第四，广告主在广告活动中应当与广告经营者、广告发布者依法订立书面合同。书面形式一般是指当事人双方以合同书、书信、电报、电传、传真等形式达成协议。《广告法》与《暂行办法》均明确要求广告合同必须采取书面形式。在网络广告活动中，因为广告发布过程链条很长，参与主体众多，广告展现形式复杂多样，用书面合同的形式可以明确各方参与主体的权利与义务；另外，在发生消费纠纷或者侵权行为时，书面合同更容易分清各方责任。

第五，广告主委托设计、制作、发布广告，应当委托具有合法经营资格的广告经营者、广告发布者。

第六，广告主在广告中使用他人名义或者形象的，应当事先取得其书面同意；使用无民事行为能力人、限制民事行为能力人的名义或者形象的，应当事先取得其监护人的书面同意。

第七，网络广告主委托发布、修改广告时，应当以书面等可以被确认的方式通知受委托的网络广告经营者、发布者。"互联互通"是网络广告和传统广告最大的不同，消费者通过多次跳转、链接等可以看到更丰富的广告内容。例如，用户点击某一网站的文案、图片或视频，就可以跳转到广告主自设网站或其他网站，也可能弹出提供更加详细的商品服务信息的另一则广告，或者是直接进入购买的入口、程序下载界面等。这一方面给广告主随时修改已发布的网络广告内容提供了技术上的可能性；另一方面，也给网络广告经营者、发布者审查和保持广告内容合法性带来了困难。广告主可以随时修改最终落地页面内容，而为广告主提供最初呈现页面的广告发布者、广告经营者则可能完全无法知情。在这种情况下，如果广告主擅自修改广告内容导致广告违法，让网络广告经营者和广告发布者承担法律责任，显然是不公平的。因此，网络广告主委托网络广告经营者、发布者发布、修改广告时，应当以书面形式或者其他可以被确认的方式通知对方。未履行通知义务时，广告内容违法的法律后果由广告主自己承担。

(二) 限制性行业

限制性行业包括医疗、保健品、母婴品、种植饲养、酒类、教育、投资、房地产等行业，该类行业广告主在进行广告活动时，除了要承担普通行业广告主的义务之外，还需要履行法律规定的特殊义务，主要包括：

第一，广告内容不得含有广告法所禁止的内容。例如：《广告法》第十六条第一款规定："医疗、药品、医疗器械广告不得含有下列内容：（一）表示功效、安全性的断言或者保证；（二）说明治愈率或者有效率；（三）与其他药品、医疗器械的功效和安全性或者其他医疗机构比较；（四）利用广告代言人作推荐、证明；（五）法律、行政法规规定禁止的其他内容。"《广告法》第十八条第一款规定："保健食品广告不得含有下列内容：（一）表示功效、安全性的断言或者保证；（二）涉及疾病预防、治疗功能；（三）声称或者暗示广告商品为保障健康所必需；（四）与药品、其他保健食品进行比较；（五）利用广告代言人作推荐、证明；（六）法律、行政法规规定禁止的其他内容。"第十八条第一款规定："保健食品广告不得含有下列内容：（一）表示功效、安全性的断言或者保证；（二）涉及疾病预防、治疗功能；（三）声称或者暗示广告商品为保障健康所必需；（四）与药品、其他保健食品进行比较；（五）利用广告代言人作推荐、证明；（六）法律、行政法规规定禁止的其他内容"。第二十一条规定："农药、兽药、饲料和饲料添加剂广告不得含有下列内容：（一）表示功效、安全性的断言或者保证；（二）利用科研单位、学术机构、技术推广机构、行业协会或者专业人士、用户的名义或者形象作推荐、证明；（三）说明有效率；（四）违反安全使用规程的文字、语言或者画面；（五）法律、行政法规规定禁止的其他内容。"

第二，不得采取广告法所禁止的手段做广告。例如，《广告法》第十九条规定："广播电台、电视台、报刊音像出版单位、互联网信息服务提供者不得以介绍健康、养生知识等形式变相发布医疗、药品、医疗器械、保健食品广告"。第二十条规定："禁止在大众传播媒介或者公共场所发布声称全部或者部分替代母乳的婴儿乳制品、饮料和其他食品广告。"第二十二条规定："禁止在大众传播媒介或者公共场所、公共交通工具、户外发布烟草广告。禁止向未成年人发送任何形式的烟草广告。禁止利用其他商品或者服务的广告、公益广告,宣传烟草制品名称、商标、包装、装潢以及类似内容。烟草制品生产者或者销售者发布的迁址、更名、招聘等启事中,不得含有烟草制品名称、商标、包装、装潢以及类似内容。"

第三,广告内容中必须包含法律强制要求的内容。例如,《广告法》第十六条第二、三款规定:"药品广告的内容不得与国务院药品监督管理部门批准的说明书不一致,并应当显著标明禁忌、不良反应。处方药广告应当显著标明'本广告仅供医学药学专业人士阅读',非处方药广告应当显著标明'请按药品说明书或者在药师指导下购买和使用'"。推荐给个人自用的医疗器械的广告,应当显著标明'请仔细阅读产品说明书或者在医务人员的指导下购买和使用'。医疗器械产品注册证明文件中有禁忌内容、注意事项的,广告中应当显著标明"禁忌内容或者注意事项详见说明书'。"第十八条第二款规定:"保健食品广告应当显著标明'本品不能代替药物'。"

第四,特殊广告必须履行前置审批手续。《广告法》第四十六条规定:"发布医疗、药品、医疗器械、农药、兽药和保健食品广告,以及法律、行政法规规定应当进行审查的其他广告,应当在发布前由有关部门(以下称广告审查机关)对广告内容进行审查;未经审查,不得发布。"广告主应当保证这些行政许可文件的真实、合法和有效性,不得伪造、变造或非法购买广告审查批准文件。

(三) 禁止行业

除了前文列举的限制性行业外,《广告法》还规定了禁止做广告的行业或者产品、服务。《广告法》第十五条第一款规定:"麻醉药品、精神药品、医疗用毒性药品、放射性药品等特殊药品,药品类易制毒化学品,以及戒毒治疗的药品、医疗器械和治疗方法,不得作广告。"

三 广告主的责任

《广告法》在第五章"法律责任"的多个条文中对广告主、广告经营者、广告发布者、广告代言人的责任进行了规定。广告主作为违法广告的第一责任人，几乎在每个条文中均是责任的承担者，且是第一责任承担者。广告主承担的法律责任包括行政责任、民事责任、刑事责任三种类型。除法律责任以外，广告主还往往需要承担一定的社会责任。

（一）行政责任

广告主不履行广告法律法规设定的义务或者实施广告法律法规禁止的行为时，由广告监督管理机关根据违法情节的严重程度给予相应的行政处罚，广告主需要承担相应的行政责任。行政处罚的种类包括警告，责令停止发布或发送广告，消除影响，罚款，吊销营业执照或其他许可证，撤销审查批准文件，暂停审查申请资格以及进行信用惩戒等多种方式，根据违法行为的类型和严重程度，可以单独实施或者合并实施。在《广告法》及《暂行办法》中，广告主的违法行为类型及相应的行政责任见下表。

表 2-1-1　　　　　广告主违法行为类型及行政责任

法条	违法行为	主管部门	行政责任
第五十五条第一款	发布虚假广告	市场监管部门	责令停止发布广告，责令广告主在相应范围内消除影响，处广告费用三倍以上五倍以下的罚款，广告费用无法计算或者明显偏低的，处 20 万元以上 100 万元以下的罚款；两年内有三次以上违法行为或者有其他严重情节的，处广告费用五倍以上十倍以下的罚款，广告费用无法计算或者明显偏低的，处 100 万元以上 200 万元以下的罚款，可以吊销营业执照，并由广告审查机关撤销广告审查批准文件、一年内不受理其广告审查申请
第五十五条第二款	医疗机构发布虚假广告，情节严重的	市场监管部门、卫生行政部门	除上一款处罚外，卫生行政部门可以吊销诊疗科目或者吊销医疗机构执业许可证

续表

法条	违法行为	主管部门	行政责任
第五十七条	1. 发布有本法第九条、第十条规定的禁止情形的广告的； 2. 违反本法第十五条规定发布处方药广告、药品类易制毒化学品广告、戒毒治疗的医疗器械和治疗方法广告的； 3. 违反本法第二十条规定，发布声称全部或者部分替代母乳的婴儿乳制品、饮料和其他食品广告的； 4. 违反本法第二十二条规定发布烟草广告的； 5. 违反本法第三十七条规定，利用广告推销禁止生产、销售的产品或者提供的服务，或者禁止发布广告的商品或者服务的； 6. 违反本法第四十条第一款规定，在针对未成年人的大众传播媒介上发布医疗、药品、保健食品、医疗器械、化妆品、酒类、美容广告，以及不利于未成年人身心健康的网络游戏广告的	市场监管部门、广告审查机关	责令停止发布广告，对广告主处20万元以上100万元以下的罚款，情节严重的，并可以吊销营业执照，由广告审查机关撤销广告审查批准文件、一年内不受理其广告审查申请
第五十八条第一款	1. 违反本法第十六条规定发布医疗、药品、医疗器械广告的； 2. 违反本法第十七条规定，在广告中涉及疾病治疗功能，以及使用医疗用语或者易使推销的商品与药品、医疗器械相混淆的用语的； 3. 违反本法第十八条规定发布保健食品广告的； 4. 违反本法第二十一条规定发布农药、兽药、饲料和饲料添加剂广告的； 5. 违反本法第二十三条规定发布酒类广告的； 6. 违反本法第二十四条规定发布教育、培训广告的； 7. 违反本法第二十五条规定发布招商等有投资回报预期的商品或者服务广告的	市场监管部门、广告审查机关	责令停止发布广告，责令广告主在相应范围内消除影响，处广告费用一倍以上三倍以下的罚款，广告费用无法计算或者明显偏低的，处10万元以上20万元以下的罚款；情节严重的，处广告费用三倍以上五倍以下的罚款，广告费用无法计算或者明显偏低的，处20万元以上100万元以下的罚款，可以吊销营业执照，并由广告审查机关撤销广告审查批准文件、一年内不受理其广告审查申请

续表

法条	违法行为	主管部门	行政责任
第五十八条第一款	8. 违反本法第二十六条规定发布房地产广告的； 9. 违反本法第二十七条规定发布农作物种子、林木种子、草种子、种畜禽、水产苗种和种养殖广告的； 10. 违反本法第三十八条第二款规定，利用不满十周岁的未成年人作为广告代言人的； 11. 违反本法第三十八条第三款规定，利用自然人、法人或者其他组织作为广告代言人的； 12. 违反本法第三十九条规定，在中小学校、幼儿园内或者利用与中小学生、幼儿有关的物品发布广告的； 13. 违反本法第四十条第二款规定，发布针对不满十四周岁的未成年人的商品或者服务的广告的； 14. 违反本法第四十六条规定，未经审查发布广告的		
第五十八条第二款	医疗机构有前款规定违法行为，情节严重的	市场监管部门、卫生行政部门	除由工商行政管理部门依照本法处罚外，卫生行政部门可以吊销诊疗科目或者吊销医疗机构执业许可证
第五十九条第一款	1. 广告内容违反本法第八条规定的； 2. 广告引证内容违反本法第十一条规定的； 3. 涉及专利的广告违反本法第十二条规定的； 4. 违反本法第十三条规定，广告贬低其他生产经营者的商品或者服务的	市场监管部门	责令停止发布广告，对广告主处10万元以下的罚款
第六十三条第一款	违反本法第四十三条规定发送广告的	有关部门	责令停止违法行为，对广告主处5000元以上3万元以下的罚款
第六十三条第二款	违反本法第四十四条第二款规定，利用互联网发布广告，未显著标明关闭标志，确保一键关闭的	市场监管部门	责令改正，对广告主处5000元以上3万元以下的罚款

续表

法条	违法行为	主管部门	行政责任
《暂行办法》第二十四条	以欺骗方式诱使用户点击广告内容的,或者未经允许,在用户发送的电子邮件中附加广告或者广告链接的	市场监管部门	责令改正,处1万元以上3万元以下的罚款
第六十五条	违反本法规定,隐瞒真实情况或者提供虚假材料申请广告审查的	广告审查机关	对广告审查申请不予受理或者不予批准,予以警告,一年内不受理该申请人的广告审查申请;以欺骗、贿赂等不正当手段取得广告审查批准的,广告审查机关予以撤销,处10万元以上20万元以下的罚款,3年内不受理该申请人的广告审查申请
第六十六条	违反本法规定,伪造、变造或者转让广告审查批准文件的	市场监管部门	没收违法所得,并处1万元以上10万元以下的罚款
第六十七条	有本法规定的违法行为的	市场监管部门	记入信用档案,并通过企业信用信息公示系统依法向社会公示
第七十条	因发布虚假广告,或者有其他本法规定的违法行为,被吊销营业执照的公司、企业的法定代表人,对违法行为负有个人责任的	市场监管部门	自该公司、企业被吊销营业执照之日起三年内不得担任公司、企业的董事、监事、高级管理人员

在广告违法行为的行政执法实践中,虚假广告和违法使用绝对化用语是两类主要的违法行为。虚假广告违法性主要体现在宣传的信息与实际的情况不相符,例如,厂商对产品的产地作虚假描述误导消费者购买产品;金融机构宣传与某国有银行有合作关系而实际上并不存在此种合作等。违法使用绝对化用语是实践中发生频率仅次于虚假广告的广告违法行为,主要体现在采用了一些绝对化的表述,例如,最好、最佳、顶级等用语。在执法中各地执法机关处罚的尺度差异很大,有的地区以教育和劝诫为主,处罚三到五万元,而有的地区则严格按照《广告法》第五十七条的规定处罚二十万元以上。处罚尺度的不一致产生了很大的争议,违法使用绝对化用语的法律责任的合理性问题尚有进一步讨论的空间。另外,在网络广告中,一些行为的定性在法律上存在着不确定性,例如在微博或微信平台转发违法广告是否要承担法律责任、网络直播中广告主责任的确定以及在商品评论中的点评是否构成广告等,这

些问题都有待作进一步的探讨。

(二) 民事责任

广告主的民事责任，是指广告主因进行广告违法活动，欺骗或误导消费者，使购买商品或接受服务的消费者的合法权益受到损害；或者有其他侵权行为时，应承担的民事法律责任。《广告法》第五十六条第一款、第六十九条规定了广告主的民事责任，其中第五十六条第一款针对的是虚假广告行为。如果违反法律规定发布虚假广告，欺骗、误导消费者，侵害购买商品或者接受服务的消费者的合法权益，广告主应依法承担民事责任。

《广告法》第六十九条针对的是其他侵犯民事权益的行为。如果广告主、广告经营者、广告发布者违反法律规定，有下列侵权行为之一的，应依法承担民事责任：1. 在广告中损害未成年人或者残疾人的身心健康的；2. 假冒他人专利的；3. 贬低其他生产经营者的商品、服务的；4. 在广告中未经同意使用他人名义或者形象的；5. 其他侵犯他人合法民事权益的。

广告主承担民事责任的前提是必须有损害事实的发生。对于虚假广告行为，并且合法权益受到损害的消费者，才能要求广告主承担民事责任，尚未购买商品或者接受服务的潜在消费者不能要求广告主承担民事责任。对于其他类型的广告侵权行为，也必须已经存在损害事实，才能要求广告主承担民事责任。受害者可以根据《产品质量法》《消费者权益保护法》《合同法》《侵权责任法》《食品安全法》等法律、行政法规的规定，要求广告主承担相应法律责任。根据侵害权益的不同，广告主承担民事责任的方式也不同，包括停止侵害，消除影响，赔礼道歉，返还财产，修理、重作、更换，赔偿损失等多种方式。

(三) 刑事责任

广告主的刑事责任，是指广告主所实施的广告违法行为构成了犯罪，依照《刑法》规定所应当承担的法律责任。广告主的违法行为涉及的罪名主要是虚假广告罪和妨害公务罪。

《广告法》第五十五条第四款规定，广告主发布虚假广告，构成犯罪的，依法追究刑事责任。本条涉及的犯罪为虚假广告罪。《刑法》第二百二十二条规定："广告主、广告经营者、广告发布者违反国家规定，利用广告对商品或者服务作虚假宣传，情节严重的，处二年以下有期徒刑或者拘役，并处或者单处罚金"。第二百三十一条规定："单位犯本节第二百二十一条至第二百三十条规定之罪的，对单位判处罚金，并对其直接负责的主管人员和其他直接责任人员，依照本节各该条的规定处罚。"由此可见，如果广告主是自然人犯本罪的，可能处二年以下有期徒刑或者拘役，并处或者单处罚金。如果广告主是单位犯本罪的，对单位判处罚金，对其直接负责的主管人员和其他直接责任人员依上述规定追究刑事责任。根据《最高人民检察院、公安部关于公安机关管辖的刑事案件立案追诉标准的规定（二）》的规定，广告主、广告经营者、广告发布者违反国家规定，利用广告对商品或者服务作虚假宣传，涉嫌下列情形之一的，应予立案追诉：1. 违法所得数额在十万元以上的；2. 给单个消费者造成直接经济损失数额在五万元以上的，或者给多个消费者造成直接经济损失数额累计在二十万元以上的；3. 假借预防、控制突发事件的名义，利用广告作虚假宣传，致使多人上当受骗，违法所得数额在三万元以上的；4. 虽未达到上述数额标准，但两年内因利用广告作虚假宣传，受过行政处罚二次以上，又利用广告作虚假宣传的；5. 造成人身伤残的；6. 其他情节严重的情形。"

《广告法》第七十一条规定："违反本法规定，拒绝、阻挠工商行政管理部门监督检查，或者有其他构成违反治安管理行为的，依法给予治安管理处罚；构成犯罪的，依法追究刑事责任。"这是关于妨害公务罪的规定。《刑法》第二百七十七条第一款规定："以暴力、威胁方法阻碍国家机关工作人员依法执行职务的，处三年以下有期徒刑、拘役、管制或者罚金。"由此可知，广告主以暴力、威胁方法阻碍工商行政管理部门监督检查的，可能会触犯妨碍公务罪，被判处三年以下有期徒刑、拘役、管制或者罚金。如果行为人没有实施暴力、威胁的阻碍行为，只是吵闹、谩骂、不服管理等，不构成犯罪，但可以依法进行治安处罚。

(四) 社会责任

在一定意义上，广告是社会发展的产物。广告不仅承载着营销的功能，也具有一定的社会功能。广告主在追求广告营销效果的同时，应当承担一定的社会责任。广告的社会责任涵盖不同的广告主体，包括广告主、广告发布者和广告代言人等。在本书中，社会责任主要指广告主的社会责任。广告主的社会责任是指广告主应当履行的某种社会义务，是广告主承担的在民事、行政和刑事责任之外的一种责任。由于广告具有普遍的社会影响力，如果广告主为了追求广告效果而滥用其影响力，将会造成不可估量的危害，广告的社会责任对于广告业的健康发展是不可或缺的。在网络时代，广告主的社会责任更显得重要。这是因为，无论是在西方国家还是在我国，广告主通过网络和社交媒体进行广告营销是极为普遍的现象。在责任分类上，根据广告所涉及的受众利益，可以将广告主的社会责任区分为涉及社会利益的社会责任和涉及个体利益的社会责任，前者如对于环境保护、拒绝食用特定动物的倡导，而针对后者，一个越来越重要的方面是在市场营销中对儿童权益进行保护。无论是从国际上还是从我国的现实情况来看，在市场营销中如何对儿童权益进行有效保护是一个重要的研究课题，也是广告主承担社会责任的重要衡量指标。

当前，尽管《广告法》有针对未成年人等保护的若干条款，但在市场营销中对儿童权益的保护方面，我国仍然缺乏相应的政府规章或行业指引。尽管从广告媒介的角度来看，广告有传统广告和网络广告之分，但在广告实践中广告主通常是同时运用多种媒介进行营销的，因此，以下介绍的跨国公司对于广告主在针对儿童市场营销时自律和遵循企业的社会责任的倡议，同时适用于传统广告和网络广告。从社会责任的内容来看，倡议涵盖了针对不同年龄段对产品提出的要求、营销范围和措施、形象、名人代言和促销品、包装、在小学内的营销和销售以及法律合规等方面。

1. 年龄及产品要求

与世界卫生组织关于婴幼儿的规范相类似，倡议针对不同的年龄段设置了不同的要求。对于零岁至六岁的儿童，不得进行任何市场营销行为。对于六岁到十二岁的儿童,不得进行甜咸口味的饼干、糖果、巧克力、添加糖的饮料产品以及冰淇淋产品的市场营销。通过区分年龄段和产品种类,这种要求可以减免儿童过早地受到广告营销的影响。我国《广告法》注意到了儿童年龄上的差别,例如,第四十条规定了针对不满十四岁的未成年人营销不得含有特定的内容,但是在如何更好地保护儿童健康方面,仍然有大量的工作要做。

2. 营销手段

随着科学技术的推广和普及,广告营销手段可谓无处不在。一般而言,广告主在广告营销中使用的手段包括使用电视、广播、印刷材料、电影院、儿童聚集的户外场所、数字媒体(数字空间)、手机、游戏、顾客关系营销、虚拟营销、电子邮件、短信息、企业自有网站、电影周边、推广宣传、赠品、比赛(赞助)、产品赞助和销售点进行营销的情形。对于儿童营销,《广告法》在第三十九条规定了不得在中小学校、幼儿园开展市场营销活动,条文内容较为原则。一些行政规章控制广播、电视中的广告对儿童的影响,例如,在中小学生假期和未成年人相对集中的收听、收视时段,或者以未成年人为主要传播对象的频率、频道、节(栏)目中,不得播出不适宜未成年人收听、收视的商业广告。[①] 关于直接向儿童营销的认定标准,欧盟的经验表明,若传媒频道的25%及25%以上观众年龄段都在十二岁以下,则可以认定为直接向儿童营销。

3. 形象、名人代言和促销品

根据一些跨国公司(例如雀巢)的良好实践,广告主只有在营销符合特定营养标准的产品时,才可以使用获得许可的形象、名人代言,对六岁到十二岁的儿童有吸引力的促销品。营销甜咸口味的饼干、糖果、巧克力、添加糖的饮料产品以及冰淇淋产品时,不可使用获得许可的形象、名人代言及或对六岁到十二岁的儿童有吸引力的促销品。主要针对六岁到十二岁的儿童有吸引力的促销品(如玩具、游戏或书籍),必须被用来提倡健康积极的生活方式,例如健康饮食、积极玩耍、鼓励体育锻炼和支持教育事业发展等。

---

① 《广播电视广告播出管理办法》第26条(国家广播电影电视总局令第61号)

4. 包装

包装的作用在于在零售点告知消费者产品的成分、均衡饮食的作用和含量的指引。为了支持父母的选择，对获得许可的形象、名人代言及或对6—12岁儿童有吸引力的促销品的限制同样适用于产品包装。但当这些产品与传统季节性主题联系在一起，在成人送节日礼物的情形下，例如复活节、圣诞节和农历新年、儿童节等，巧克力、糖果会与儿童直接相关，宣传时可以对产品包装或产品本身有例外。

5. 在小学内的营销和销售

不在小学内针对十二岁以下的儿童做市场营销。我国《广告法》第三十九条规定广告主体不得在中小学校、幼儿园内开展广告活动，不得利用中小学生和幼儿的教材、教辅材料、练习册、文具、教具、校服、校车等发布或者变相发布广告，但设置了公益广告的例外，但对于违反该规定的法律责任没有明确。在现实生活中，学校针对学生推广的各种应用软件是否视为小学有待明确。如果是官方的平台，应当认为也涵盖在此范围之内。从广告主的社会责任来看，这里的学校应当涵盖虚拟的小学。

四 特殊广告主的主体责任

（一）"自己代言"中广告主与广告代言人的责任分析

《广告法》第二条第五款规定："本法所称广告代言人，是指广告主以外的，在广告中以自己的名义或者形象对商品、服务作推荐、证明的自然人、法人或者其他组织。"也就是说，广告代言人不包括广告主自己，广告主推销自己的商品或服务时只需要履行广告主的义务和承担相应责任，不需要被认定为广告代言人。在大多数情况下，广告主作为企业，是很难以自己的形象对自己的商品、服务做推荐、证明的，往往需要企业的员工、高管、甚至法定代表人以自己的名义或形象做推荐、证明。所谓"自己代言"，也就是广告主作为企业，其员工、高管、法定代表人利用一定媒介或形式来推荐广告主的商品或者服务。这种媒介或形式既包括传统媒体，也包括网络媒体，在更多的情况下是指微博、微信公众号、直播平台等各种互联网媒介。这种情形下的法律责任如何认定，下文将作简要分析。

1. 企业法定代表人作为"代言人"的情况

《民法通则》第四十三条规定："企业法人对它的法定代表人和其他工作人员的经营活动，承担民事责任。"《民法总则》第六十一条规定："依照法律或者法人章程的规定，代表法人从事民事活动的负责人，为法人的法定代表人。法定代表人以法人名义从事的民事活动，其法律后果由法人承受。"第六十二条规定："法定代表人因执行职务造成他人损害的，由法人承担民事责任。"由此可知，法定代表人以法人名义推荐法人的商品或服务时，其推荐行为等同于法人自己的推荐行为，法人即是广告主，法律后果由广告主法人承受。如果存在虚假广告，需要广告代言人和广告主承担民事责任时，因为法定代表人的推荐行为往往属于执行职务，一般也是由法人承担民事责任。从民事责任的承担这点来看，认定法定代表人为广告代言人似无必要。

但是，从广告法关于广告代言人规定的立法目的来看，为了规范广告代言行为，打击虚假广告，促使代言人对代言的商品或服务承担一定的审查义务，《广告法》特意规定广告代言人"不得为其未使用过的商品或者未接受过的服务作推荐、证明"。按照这一要求，广告代言人必须要证明自己有过使用商品或接受服务的经历，才能代言。男性代言女性用品、成人代言儿童用品等以往常见且又容易引起误导的现象将会得到遏制。但是如果我们将企业的法定代表人认定为非广告代言人，那么法定代表人就可以为自己企业所推销的任何商品或者服务进行推荐、证明，完全不需要使用商品或者接受服务。如果说企业的法定代表人对于自己企业所经营的商品或服务还有相当程度了解，后果并不严重的话，为了逃避这一义务，如果企业聘请明星、网红等外部人士来担任关联公司，甚至空壳公司的法定代表人，然后进行广告代言的话，就会使广告法相关条款的立法目的完全落空。

另一方面，《广告法》禁止了一些商品和服务的代言，比如药品广告、医疗广告、医疗器械广告、保健食品广告等，不得进行广告代言。此外，农药、兽药、饲料和饲料添加剂、教育、培训、招商等有投资回报预期的商品或者服务以及农作物种子、林木种子、草种子、种畜禽、水产苗种和种养殖等广告代言也受到限制。如果法定代表人不被认定为广告代言人的话，那么法定代表人就可以规避这些禁止条款，进行推荐、证明，同样使广告法相关条款的要求形同虚设。

第三，从相关消费者的保护来看，法定代表人在代言时并不是完全以法人的名义进行推荐、证明，而是以自己的个人名义和形象进行推荐、证明，法定代表人的个人信誉、人格魅力或者个人形象在商品或服务的宣传推广中起到了很大的作用，消费者可能会因为信赖法定代表人个人而选择相应的商品或服务。这正是代言人所起到的获得好感、提升信赖感的代言效果，为了保护消费者的信赖利益，要求法定代表人承担代言人的义务也是有相当合理性的。

第四，从责任承担来看，虽然在虚假广告的民事责任承担上，因为广告代言人与广告主承担连带责任，最终往往还是由企业承担民事赔偿责任，但是，如果企业出现因为虚假广告或者经营不善等各种情形导致资不抵债甚至破产，无力承担民事赔偿责任时，由法定代表人作为广告代言人承担赔偿责任也有现实意义。

更重要的是，除了民事责任以外，广告代言人还需要承担相应的行政责任。广告代言人有下列情形之一的，由工商行政管理部门没收违法所得，并处违法所得一倍以上二倍以下的罚款：1. 违反《广告法》第十六条第一款第四项规定，在医疗、药品、医疗器械广告中作推荐、证明的；2. 违反《广告法》第十八条第一款第五项规定，在保健食品广告中作推荐、证明的；3. 违反《广告法》第三十八条第一款规定，为其未使用过的商品或者未接受过的服务作推荐、证明的；4. 明知或者应知广告虚假仍在广告中对商品、服务作推荐、证明的。"此外，广告主不得利用在虚假广告中作推荐、证明受到行政处罚未满三年的自然人、法人或者其他组织作为其广告代言人。虽然在现实中，法定代表人为本企业"代言"广告通常是不收取"代言费"的。即便有报酬，也不是通过签订《广告代言合同》的方式来支付的，即便是有，工商行政管理部门也无法证实，这可能会导致《广告法》规定的行政责任无法落实到位。但是，对于上文中所述聘请外部明星、网红等人士来担任关联公司、甚至空壳公司的法定代表人的情形，行政责任的承担可以促使他们更积极地履行代言人的相应义务，在一定程度上有存在的必要性。

2. 员工、高管作为"代言人"的情况

与法定代表人不同，企业的员工、高级管理人员等不必然是企业的代表人。《民法总则》第一百七十条规定："执行法人或者非法人组织工作任务的人员，就其职权范围内的事项，以法人或者非法人组织的名义实施民事法律行为，对法人或者非法人组织发生效力。"《侵权责任法》第三十四条规定："用人单位的工作人员因执行工作任务造成他人损害的，由用人单位承担侵权责任。"

由此可见，如果企业的员工、高管等是在执行工作任务，并且就其职权范围内的事项，以企业的名义介绍企业的商品或者服务，那么这种介绍本身应当认定为商业广告，企业应当认定为广告主，由企业承担广告主的主体责任。如果员工、高管不是以企业名义，而是以个人名义或者形象进行推荐、证明，消费者也是基于对其个人的信赖选择企业的商品或者服务，那么基于和法定代表人相同的理由，员工和高管也应当认定为广告代言人，承担相应的义务和责任。

当然，如果企业没有支付额外报酬，也非职务行为，员工自行在网络平台上宣传自己企业的商品或服务，那么介绍行为应当被视为单纯私人领域内的活动，不应当被定性为商业广告，也就没有代言人了。

（二）未成年人广告的广告主责任

商业广告对活跃市场经济，推动商业文明和社会进步具有重要作用。但是未成年人自身的心智发育尚不健全，对事物缺乏必要的认知和理性辨别的能力，在成长过程中，很容易模仿广告中的内容。因此，商业广告有可能对未成年人的身心健康产生不可估量的负面影响。

为了保护未成年人的权利，我国《广告法》也做出了若干规定。广告主在制作和发布与未成年人相关的广告时，需要履行下列义务并承担相应的责任：

1. 广告主发布广告，不得损害未成年人的身心健康。
2. 广告主发布教育、培训广告时，不得含有下列内容：（1）对升学、通过考试、获得学位学历或者合格证书，或者对教育、培训的效果作出明示或者暗示的保证性承诺；（2）明示或者暗示有相关考试机构或者其工作人员、考试命题人员参与教育、培训；（3）利用科研单位、学术机构、教育机构、行业协会、专业人士、受益者的名义或者形象作推荐、证明。

3. 广告主在广告中使用无民事行为能力人、限制民事行为能力人的名义或者形象的，应当事先取得其监护人的书面同意。

4. 禁止广告主利用未满十周岁的未成年人担任其广告代言人。

5. 不得在中小学校、幼儿园内开展广告活动，不得利用中小学生和幼儿的教材、教辅材料、练习册、文具、教具、校服、校车等发布或者变相发布广告。

6. 在针对未成年人的大众传播媒介上不得发布医疗、药品、保健食品、医疗器械、化妆品、酒类、美容广告以及不利于未成年人身心健康的网络游戏广告。

7. 针对不满十四周岁的未成年人的商品或者服务的广告，不得劝诱未成年人要求家长购买广告商品或者服务；不得导致儿童或未成年人模仿不安全行为。

在网络领域，由于《暂行办法》没有特别规定广告主在营销儿童产品时应当承担的法律责任，所以相关问题仍然适用广告法的有关规定。广告主违反上述义务的，需要承担相应的行政责任、民事责任，甚至是刑事责任。

第二章　网络广告经营者与发布者及其责任

一　网络广告经营与发布者认定[①]

(一) 广告经营者的认定

《广告法》第二条第三款规定："本法所称广告经营者，是指接受委托提供广告设计、制作、代理服务的自然人、法人或者其他组织。"同时《广告法》第三十二条规定："广告主委托设计、制作、发布广告，应当委托具有合法经营资格的广告经营者、广告发布者。"

根据《广告法》第二条的规定可知，一方面，是否"接受委托"是区分广告经营者与广告主的关键所在。《广告法》第二条规定的广告主是指为推销商品或者服务，自行或者委托他人设计、制作、发布广告的自然人、法人或者其他组织。由此可见，如果某公司自行设计、制作广告，则此时该公司的身份依旧是广告主，而非广告经营者。另一方面，是否"发布广告"是广告经营者与广告发布者的显著区别。广告经营者不亲自发布广告，而为广告主或其他广告经营者发布广告的，即为广告发布者。

[①] 互联网广告经营者与发布者属于广告经营者与发布者的概念范畴，前者是后者在互联网广告活动中的特定称谓。广告经营者与发布者的相关问题是共性问题，互联网广告经营者与发布者的相关问题是特性问题。研究互联网广告经营者与发布者的定义、权利义务、责任承担等全部问题，均应在研究相关法律法规对广告经营者与发布者的规定的前提下，在互联网广告活动这一特定场景中展开研究。因此在部分问题的研究中，若只存在共性问题而无需特殊展开，本书直接使用"广告经营者与发布者"的表述，并不影响论述。

（二）广告发布者的认定

《广告法》第二条第四款规定："广告发布者是指为广告主或者广告主委托的广告经营者发布广告的自然人、法人或者其他组织。"广告发布者需具备如下四要件：

其一，广告发布者是接受委托而从事发布行为的，其发布的广告并非是为了介绍自身商品或者服务，而是为了广告主。为了自身商品或者服务发布广告的主体应直接认定为广告主。

其二，广告发布者发布的内容是广告，而发布根据法律、法规规定应当向消费者提供的必要商品或者服务介绍信息的主体不能认定为广告发布者。

其三，广告发布者通过发布行为将广告展现给受众。发布行为的表现形式主要包括推送或者展示等形式（如播放音视频、张贴海报、LED屏轮播等），发布载体或渠道主要包括报纸、书刊、网络媒体等。

其四，与1995年制定的《广告法》相比，现行的《广告法》将广告发布者范围扩大至自然人、法人或其他组织，即某些情况下通过其运营的"自媒体"为他人发布广告的自然人也可被认定为广告发布者。

《暂行办法》第十一条进一步明确了网络广告（互联网广告）发布者的定义，即为广告主或者广告经营者推送或者展示网络广告，并能够核对广告内容、决定广告发布的自然人、法人或者其他组织。《暂行办法》指出：

第一，"发布"的行为特征界定为"推送或者展示"，此处的推送（Push）包含推荐、送达的意思，即网络广告发布行为不仅包括传统的广告位展示形式（例如公交车广告牌展示），还应包括将文字、图片、音视频等形式的广告转换为数据推荐并送达至特定媒体（如网页、应用程序等）之中的行为。

第二，网络广告发布者是具备能够核对广告内容并决定广告发布的能力的主体。如果某一主体在整个网络广告活动之中并不"接触"某一广告，或者对该广告的内容没有核对权利，或不具备决定该广告是否予以发布的权利的，不应将该主体认定为网络广告发布者、不应该要求其承担广告发布者义务；其身份视不同情形可能被认定为互联网信息服务提供者,或者程序化购买广告中的媒介方平台或信息交换平台等。

(三) 网络广告经营者、发布者界定的特殊问题

根据上述分析,具备《广告法》和《暂行办法》规定的要件的主体应界定为网络广告经营者、发布者。但在网络广告活动中交易模式往往错综复杂,我们较难直观地判断各环节的主体身份,这可能会引发一系列有关经营者、发布者界定的特殊问题。

1. 主体竞合

依照《广告法》第二条的规定,广告主可以自行发布广告。《暂行办法》第十条第三款进一步解释为:"广告主可以通过自设网站或者拥有合法使用权的互联网媒介自行发布广告……。"那么当网络广告主自行设计并发布广告时,是否同时构成广告经营者、发布者身份并承担相关的法律责任?根据法律规定,如果广告经营和发布行为是广告主自行做出的,此时并不存在广告经营者、发布者主体。

如果某一主体既接受广告主委托设计、制作、代理广告信息,又提供了发布服务,应理解为其构成广告经营者、发布者的竞合,即同一主体既构成广告经营者、又构成广告发布者。但是,事实上在市场经营中如果遇到上述情况,从理论上割裂两个主体进行区分比较,意义并不是很大。因为根据《广告法》的规定,二者的相关经营义务和处罚责任几乎一致;同时,如果该主体广告经营/发布行为违法,在行政处罚时也应仅被处罚一次。虽然广告经营与广告发布的具体行为不同,但却同属为广告主提供广告宣传服务这一整体行为,两者具有极强的连续和关联关系,当两个行为均由同一行为主体做出时,事实上构成了一个违法主体的同一违法行为的不同阶段,因此,在行政处罚时行政机关应对该完整的广告活动进行裁量,不应进行两次处罚,否则也与"一事不再罚"的行政处罚原则相悖。

2. 社交工具中广告经营者、发布者的界定

随着网络科技蓬勃发展,诸如即时通信软件、微博等网络社交工具产品已与个人生活或市场经营行为紧密联系在一起。用户通过个人社交工具产品、平台发布广告信息的,该用户应构成广告发布者,如果该用户还提供了广告的设计、制作、代理服务,则同时构成广告经营者与发

布者的竞合，具体来看：

首先，用户通过社交工具发布广告的，此时只有该用户受到广告主或广告经营者的委托（或该用户自身构成广告主或广告经营者），社交工具产品运营者并未接受任何委托；其次，此种情况下只有该用户能够实际接触到广告信息，能够核对、决定广告信息内容，而社交工具产品运营者没有权利核对、决定广告信息内容；再次，从发布行为本身来讲，该用户的行为构成推送、展示的发布行为，而社交工具产品提供的是网络接入、信息发布、存储、传输等互联网信息服务；最后，根据《广告法》规定，自然人可作为广告经营者、广告发布者主体，在主体认定上不存在困境；补充来看，此种情况下该用户能获取相关利益（无论是否实际收到广告发布服务费用，均实现了自身或他人的广告宣传目的），而社交工具产品运营者并不能因此获利。如果该用户推送广告是为了推销其自身经营的商品或者服务，那么其广告经营者、广告发布者的主体身份会被广告主这一身份所吸收。

如上述分析，在用户通过社交工具产品发布广告的行为中，该用户应构成广告发布者，而社交工具产品运营者应构成互联网信息服务提供者。在被称为2016年"首例微信朋友圈虚假广告处罚案"中，甘肃省某地工商局亦在执法中认定在朋友圈发布广告信息的用户构成广告发布者。[①]

3. 电商平台广告的经营者、发布者界定

根据艾瑞咨询的研究报告显示，在2016年网络广告市场规模不断增长的同时，电商广告以30%的占比位列网络广告市场的首位。[②] 区分电商平台广告中何主体作为广告经营者、发布者，对于厘定各方主体权责、促进电商广告市场良性发展已日显重要。

目前在大部分电商平台的网站中，广告展示的形式通常有以下两种方式：垂直搜索类和展示类。垂直搜索类广告与付费搜索广告相类似，

---

① 麻策律师：《首例微信朋友圈虚假广告处罚案出炉：如何区分广告和分享信息》，载"红盾论坛"公众号，2016年9月5日。

② 艾瑞咨询：《网络广告规模2902.7亿元，电商广告首超搜索居榜首》，http://www.gelonghui.com/p/125155.html？s = recommend - read - text，最后访问时间：2018年9月25日。

即广告主（如具体经营某商品或者服务的商户）通过付费购买该电商平台内部垂直搜索关键词进行广告展示。展示类又主要分为三种情况：第一，在电商平台网站中自设固定的广告栏区域（例如网页顶部Banner、推荐区、排名区、浮窗等），由电商平台自主经营其广告栏区域，收取广告服务费、经营并发布相关广告。此时的电商平台根据其所提供的服务内容可能构成网络广告经营者、发布者；第二，电商平台将广告栏区域销售给广告需求方平台或媒介方平台，再由后两者通过程序化购买广告的方式销售广告位。根据《暂行办法》第十四条规定，此时的广告需求方平台是广告经营者、发布者，电商平台是互联网信息服务提供者[1]；第三，商户在电商平台提供的店铺网页或具体商品详情页中自行发布广告内容。与上文"社交工具中广告经营者、发布者的界定"的情况相同，该商户满足《广告法》《暂行办法》所规定的"广告主自行通过自设网站或者拥有合法使用权的网络媒介自行发布广告"的情况，此时不存在广告经营者、发布者主体，电商平台构成互联网信息服务提供者。

4. 自媒体广告的经营者、发布者界定研究

自媒体的崛起和繁荣为网络广告市场带来了新的变革，以自媒体为载体的广告形式正在逐渐赢得更多广告主的青睐。作为网络广告营销中的重要一环，自媒体已经发挥越来越重要的作用。常见的自媒体形式包括官方微博、微信公众号、直播间等。[2] 具体来看，自媒体运营者可能通过其微博、公众号或直播间直接发布某一商品或者服务的广告，或者通过"软文"的形式间接对某一商品或者服务进行宣传推广。此种情况下，广告经营者、发布者身份的界定路径应与上文论述相同，该自媒体运营者满足广告经营者、发布者的构成要件，而媒体平台（如微博、微信、直播产品）应认定为互联网信息服务提供者。

---

[1] 姜皓：《探讨，谁是电商平台广告的发布者？》，《中国工商报》2017年3月21日第8版。

[2] 杨乐：《自媒体广告法律责任辨析及监管应对》，载"腾讯研究院"公众号，2016年11月14日。

二 网络广告经营者与发布者义务

根据《广告法》的相关规定，网络广告经营者与发布者的相关经营义务（如经营者、发布者均应查验、核对广告内容）和处罚责任几乎一致（少数条文不同，例如第三十三条"未经授权不可使用他人名义或者形象"只规定了经营者，因为此处不涉及发布者相关行为；亦或者第十四条"显著标明广告标识"只规定了发布者，因为只有发布行为时才涉及广告标识问题）；同时，市场经营中常出现广告经营者与发布者的竞合，即某一主体既接受广告主委托设计、制作、代理广告信息的，构成广告经营者；又提供了发布服务的，构成广告发布者。若理论上割裂两个主体进行区分比较，意义并不大。[①] 因此，本书将网络广告经营者与发布者的义务与责任在此一并进行讨论。

（一）广告经营者与发布者义务的相同点

根据《广告法》《暂行办法》等法律法规的相关规定，广告经营者与发布者的义务主要包括查验、核对广告主资质及审核广告素材内容、建立健全广告业务制度、广告发布形式合法合规以及配合执法/用户投诉等义务。

1. 广告主资质审核义务

《广告法》第三十四条第二款规定："广告经营者、发布者依据法律、行政法规查验有关证明文件，核对广告内容。对内容不符或者证明文件不全的广告，广告经营者不得提供设计、制作、代理服务，广告发布者不得发布。"《暂行办法》第十二条规定："互联网广告发布者、经营者应当审核查验并登记广告主的名称、地址和有效联系方式等主体身份信息。"根据上述规定，网络广告经营者、发布者在发布广告前应审核广告主的相关资质，查验、核对广告主是否有资格从事相关市场经营行为、具备广告所涉及的相关商品或者服务的经营资质。

[①] 姜皓：《谁是电商平台广告的发布者？》，《中国工商报》2017年3月21日，第008版。

（1）广告主基本资质审核

广告本身是对某一市场经营主体的商品或者服务的推广、宣传行为，若该市场经营主体并不存在，其广告必然不实，正所谓"皮之不存，毛将焉附"。因此，广告经营者、发布者对广告主资质审核的第一步即是审核广告主基本经营资质，即查验、核对广告主的身份证明，以确定广告主为真实存在的自然人、法人或其他组织。具体而言，对于自然人广告主而言，应当查验其身份证、护照等；对于法人或其他组织广告主而言，应当查验其营业执照等证明文件。广告经营者、发布者不得为存在虚构基本资质、营业期限届满、营业执照被吊销等问题的广告主设计、制作、代理及发布广告。

（2）广告主特殊资质审核

根据相关法律法规规定，在一些特殊市场经营领域中，经营主体应具备相应经营条件且向主管行政机关申请相关特殊行业的行政许可后，方可进行相关市场经营行为。如果广告主不具备该特殊资质，既无权开展相关行业的市场经营行为，亦无权开展相关广告活动。广告经营者、发布者应查验、核对广告主是否具备相关特殊行业的经营资质，广告经营者不得为无资质的广告主提供、制作、代理服务，广告发布者不得发布相关商品或者服务的广告。

以医疗广告为例，除具备基本的营业执照外，根据《医疗机构管理条例》《医疗广告管理办法》等相关规定，医疗机构广告主应当具备《医疗机构执业许可证》，并获得省级卫生行政部门批准的《医疗广告审查证明》。广告经营者、发布者应当查验、核对广告主是否具备上述材料，如上述特殊资质证明材料不齐全，则不能为其发布医疗广告。例如《暂行办法》正式实施首日，上海市工商局检查发现在部分搜索引擎输入"人流"或"人工流产"字样时，显示的付费搜索广告中的一些医院并不具备母婴保健技术资格，认为该广告经营者、发布者涉嫌未尽审查义务而立案调查。

2. 广告素材审核义务

广告中介绍、展示商品或者服务的具体文字、图片、音视频等内容，是广告的核心组成部分，通常被称为"广告素材"。核对广告素材是否符合法律规定，是广告经营者、发布者履行广告审核义务最重要的环节。广告素材的审核应当考虑以下几点：首先，推广商品或者服务的广告应不属于法律禁止发布的范围；其次，广告经营者、发布者应核对广告中是否存在法律禁止出现的内容；再次，广告中不可存在虚假宣传的内容；最后，广告中应具备法律规定必须具备的内容。

《广告法》第三十七条规定："法律、行政法规规定禁止生产、销售的产品或者提供的服务，以及禁止发布广告的商品或者服务，任何单位或者个人不得设计、制作、代理、发布广告。"禁止生产、销售的商品或者提供的服务应禁止为其发布广告；部分特殊商品或者由于其受众的特殊性，不适于让不需要使用该商品的消费者知悉以避免不良影响，或者由于商品本身的特殊性不适于鼓励更多的消费者使用的，亦被禁止在大众传媒、网络平台上发布；此外，一些广告形式可能引发不当模仿，或可能对未成年人、残疾人等特定人群造成侵害、对其发展造成不良影响，法律禁止使用该种广告形式进行广告经营。

（1）法律法规禁止生产、销售的商品或服务

法律法规禁止生产、销售的商品或服务（例如：毒品、淫秽出版物、赌博工具等）不可在市场上流通，因此亦不可为其发布广告，广告发布者发现素材为推销上述商品或服务的，应拒绝发布。

（2）法律法规禁止发布广告的商品或服务

部分特殊商品虽然可以生产、销售（例如：处方药、烟草等），但是由于其特殊性质，为避免被消费者滥用（过量使用、不当使用等），或为消费者健康考虑而不鼓励消费者购买，《广告法》、《暂行办法》等相关法律法规禁止为其发布广告。例如：

表 2-2-1　　　　　　　法律法规禁止发布广告的商品或服务

法律条文	具体内容
《暂行办法》第五条第二款	禁止利用互联网发布处方药和烟草的广告
《广告法》第十五条第二款	前款规定以外的处方药，只能在国务院卫生行政部门和国务院药品监督管理部门共同指定的医学、药学专业刊物上作广告
《广告法》第二十条	禁止在大众传播媒介或者公共场所发布声称全部或者部分替代母乳的婴儿乳制品、饮料和其他食品广告

续表

法律条文	具体内容
《广告法》第二十二条	禁止在大众传播媒介或者公共场所、公共交通工具、户外发布烟草广告。禁止向未成年人发送任何形式的烟草广告 禁止利用其他商品或者服务的广告、公益广告,宣传烟草制品名称、商标、包装、装潢以及类似内容 烟草制品生产者或者销售者发布的迁址、更名、招聘等启事中,不得含有烟草制品名称、商标、包装、装潢以及类似内容

(3) 法律法规禁止使用某种形式发布广告的商品或服务

某些广告形式可能会对正常的市场经营秩序或者社会秩序造成不良影响,因而被《广告法》等相关法律法规所禁止,如以介绍健康、养生知识的电视节目形式宣传药品,易让受众基于电视节目的权威性而认为推荐的相关药品是国家指定用药等,影响消费者判断。因此,广告法明确规定不得以介绍健康、养生知识等形式变相发布医疗、药品、医疗器械、保健食品广告,网络广告经营者、发布者以及互联网信息服务提供者如果发现这类广告,应当不予设计、代理、发布或者停止发布。

3. 审核广告素材中禁止出现的内容

在法律法规允许发布的广告之中,一些特殊的表述或者描述会对广告经营市场造成负面影响、扰乱正当的市场经营秩序,或限制、影响消费者购买意思表示,侵害消费者或其他广告受众的合法利益。因此,相关法律法规对可能侵害社会公共利益的广告素材做出禁止性规定。其中,一些禁止性规定具有普适性,即在任何广告之中均不可出现;另一些禁止性规定散见于《广告法》、特殊行业广告规定等法律、法规、规范性文件之中,禁止特殊行业的广告使用相关内容。禁止性规定较为严苛,广告经营者在提供设计、制作、代理服务的过程中不得违反禁止性规定,广告发布者应严格审核广告素材,避免发布的广告出现相关内容。

(1) 禁止在所有广告素材中出现的内容

在所有广告素材中禁止出现的内容主要规定在《广告法》中,具体详见下述条文:

表 2-2-2　　　　　　　禁止在所有广告素材中出现的内容

法律条文	具体内容
《广告法》 第九条	广告不得有下列情形： 1. 使用或者变相使用中华人民共和国的国旗、国歌、国徽、军旗、军歌、军徽； 2. 使用或者变相使用国家机关、国家机关工作人员的名义或者形象； 3. 使用"国家级"、"最高级"、"最佳"等用语； 4. 损害国家的尊严或者利益，泄露国家秘密； 5. 妨碍社会安定，损害社会公共利益； 6. 危害人身、财产安全，泄露个人隐私； 7. 妨碍社会公共秩序或者违背社会良好风尚； 8. 含有淫秽、色情、赌博、迷信、恐怖、暴力的内容； 9. 含有民族、种族、宗教、性别歧视的内容； 10. 妨碍环境、自然资源或者文化遗产保护； 11. 法律、行政法规规定禁止的其他情形
《广告法》第十条	广告不得损害未成年人和残疾人的身心健康
《广告法》 第十二条第二款、第三款	未取得专利权的，不得在广告中谎称取得专利权 禁止使用未授予专利权的专利申请和已经终止、撤销、无效的专利作广告
《广告法》 第十三条	广告不得贬低其他生产经营者的商品或者服务
《广告法》 第十七条	除医疗、药品、医疗器械广告外，禁止其他任何广告涉及疾病治疗功能，并不得使用医疗用语或者易使推销的商品与药品、医疗器械相混淆的用语
《广告法》 第三十一条	广告主、广告经营者、广告发布者不得在广告活动中进行任何形式的不正当竞争
《广告法》 第三十八条	不得利用不满十周岁的未成年人作为广告代言人

上述禁止性规定原则上应当是广告素材绝对不可触碰的红线，即使相关内容真实、准确。但是，受法律的滞后性、模糊性、抽象性等影响，行政执法机关、广告活动经营主体对于相关禁止性条文的理解可能存在一定差异，同时一些广告表述虽然涉及禁止性规定的部分内容，但是并没有实质上的社会危害性，对广告受众的购买行为也不会产生实质性影响。如果一概而论认定这些广告表述违法，将有失偏颇。因此，应考虑依据广告内容、具体语境综合判定广告素材是否属于禁止使用的范围。与此同时，为帮助广告经营主体更加准确、透彻地理解立法宗旨，有效地执行广告法规要求，立法机关和执法机构应考虑以立法本意为基础，通过进一步的解释明确、细化法律法规的标准和执行。

(2) 关于绝对化用语的适用例外

《广告法》第九条第三款禁止绝对化用语,意在避免误导消费者,防止贬低同类商品或服务。① 法条仅列举"国家级"、"最高级"、"最佳"三个措辞,如果生硬地理解为仅仅禁止这三个词语的使用,则无法体现立法宗旨;如果简单地理解为所有的绝对化用语都不可以使用,却又可能导致误判、误罚。

无论是理论界还是执法实践都认可,绝对化用语并非绝对禁止使用,应综合词义的相同性、语义的关联性和语境的排他性等具体情况,综合判断特定表述是否违法。例如根据上海市工商行政管理局《关于重申部分广告审查要求的审查提示》的规定,"顶级""极品""第一品牌""最…之一"等表述,均应视为最高级表述。但是广告经营者、发布者在审核上也要注意灵活性,客观、真实表示时空顺序、自我程度分级、相关行业的标准分级、经营理念,以及与所推广的商品或者服务质量宣传无关的广告用语(例如"将XXX送给你最爱的人"等),不应认定为违法。

(3) 关于使用国家名义或者形象的进一步分析

从字面意思理解,《广告法》第九条第二款规定广告中不得使用国家机关、国家机关工作人员本身的名称、照片等。法条背后的立法本意是禁止广告借助社会公众对国家机关及其工作人员的信任牟取不正当利益。

若广告主赞助了国家机关主办或协办(或者国家机关作为参会代表出席的)的相关会议、组织、活动(如G20峰会、一带一路峰会等),或与上述活动存在某种合作关系,可否在广告素材中对外宣传,在认定上仍存在一定争议,不同的广告经营者、发布者在审核时尺度标准亦不尽统一。这里亦建议有关机关通过制定规范或指引的形式明示审核标准,以便广告经营者、发布者严格按照相关标准提供广告服务。

(4) 关于"社会良好风尚"的判断标准

《广告法》第九条第七款和第八款明确禁止广告含有违背社会良好风尚、淫秽、色情、迷信、恐怖、暴力等内容。广告主和广告经营者在

---

① 王清:《中华人民共和国广告法解读》,中国法制出版社2015年版,第19页。

设计、制作广告时应注意以社会道德标准为基本尺度,考虑普通民众的接受程度,避免过于前卫、开放、"重口味"的内容出现在广告素材之中。

(二) 禁止在特定种类的广告素材中出现的内容

除普遍适用于所有广告的禁止性规定外,《广告法》及其他法律法规对特定种类的广告做出了禁止性规定,需要广告经营者及发布者注意。以下以食品、酒类等违法广告多发行业的相关规定为例:

表 2-2-3　　　　禁止在特定种类广告素材中出现的内容

义务 行业	消极义务	积极义务	现行有效的 法律规定
医疗 广告	医疗、药品、医疗器械广告不得含有下列内容: 1. 表示功效、安全性的断言或者保证; 2. 说明治愈率或者有效率; 3. 与其他药品、医疗器械的功效和安全性或者其他医疗机构比较; 4. 利用广告代言人作推荐、证明; 5. 法律、行政法规规定禁止的其他内容。药品广告的内容不得与国务院药品监督管理部门批准的说明书不一致	药品广告应当显著标明禁忌、不良反应。处方药广告应当显著标明"本广告仅供医学药学专业人士阅读",非处方药广告应当显著标明"请按药品说明书或者在药师指导下购买和使用"。 推荐给个人自用的医疗器械的广告,应当显著标明"请仔细阅读产品说明书或者在医务人员的指导下购买和使用"。医疗器械产品注册证明文件中有禁忌内容、注意事项的,广告中应当显著标明"禁忌内容或者注意事项详见说明书"	《广告法》 第十六条
食品 广告	1. 食品广告不得含有"最新科学""最新技术""最先进加工工艺"等绝对化的语言或者表示; 2. 食品广告不得出现与药品相混淆的用语,不得直接或者间接地宣传治疗作用,也不得借助宣传某些成分的作用明示或者暗示该食品的治疗作用; 3. 食品广告不得明示或者暗示可以替代母乳,不得使用哺乳妇女和婴儿的形象; 4. 食品广告中不得使用医疗机构、医生的名义或者形象。食品广告中涉及特定功效的,不得利用专家、消费者的名义或者形象做证明		《食品广告发布暂行规定》 第六条、第七条、第八条、第九条

续表

义务 行业	消极义务	积极义务	现行有效的 法律规定
保健食品广告	保健食品广告不得含有下列内容： 1. 表示功效、安全性的断言或者保证； 2. 涉及疾病预防、治疗功能； 3. 声称或者暗示广告商品为保障健康所必需； 4. 与药品、其他保健食品进行比较； 5. 利用广告代言人作推荐、证明； 6. 法律、行政法规规定禁止的其他内容	保健食品广告应当显著标明"本品不能代替药物"	《广告法》第十八条
婴儿食品广告	禁止在大众传播媒介或者公共场所发布声称全部或者部分替代母乳的婴儿乳制品、饮料和其他食品广告		《广告法》第二十条
酒类广告	酒类广告不得含有下列内容： 1. 诱导、怂恿饮酒或者宣传无节制饮酒； 2. 出现饮酒的动作； 3. 表现驾驶车、船、飞机等活动； 4. 明示或者暗示饮酒有消除紧张和焦虑、增加体力等功效		《广告法》第二十三条
农药兽药广告	农药、兽药、饲料和饲料添加剂广告不得含有下列内容： 1. 表示功效、安全性的断言或者保证； 2. 利用科研单位、学术机构、技术推广机构、行业协会或者专业人士、用户的名义或者形象作推荐、证明； 3. 说明有效率； 4. 违反安全使用规程的文字、语言或者画面； 5. 法律、行政法规规定禁止的其他内容。 农药广告中不得含有"无效退款""保险公司保险"等承诺。 兽药广告中不得含有"最高技术""最高科学""最进步制法""包治百病"等绝对化的表示		《广告法》第二十一条 《农药广告审查发布标准》第十条 《兽药广告审查发布标准》第六条

续表

义务 行业	消极义务	积极义务	现行有效的 法律规定
农作物广告	种子广告不得含有下列内容： 1. 作科学上无法验证的断言； 2. 表示功效的断言或者保证； 3. 对经济效益进行分析、预测或者作保证性承诺； 4. 利用科研单位、学术机构、技术推广机构、行业协会或者专业人士、用户的名义或者形象作推荐、证明	农作物种子、林木种子、草种子、种畜禽、水产苗种和种养殖广告关于品种名称、生产性能、生长量或者产量、品质、抗性、特殊使用价值、经济价值、适宜种植或者养殖的范围和条件等方面的表述应当真实、清楚、明白	《广告法》 第二十七条
烟草广告	烟草制品生产者或者销售者发布的迁址、更名、招聘等启事中，不得含有烟草制品名称、商标、包装、装潢以及类似内容。 禁止在大众传播媒介或者公共场所、公共交通工具、户外发布烟草广告。禁止向未成年人发送任何形式的烟草广告		《广告法》 第二十二条
教育培训广告	教育、培训广告不得含有下列内容： 1. 对升学、通过考试、获得学位学历或者合格证书，或者对教育、培训的效果作出明示或者暗示的保证性承诺； 2. 明示或者暗示有相关考试机构或者其工作人员、考试命题人员参与教育、培训； 3. 利用科研单位、学术机构、教育机构、行业协会、专业人士、受益者的名义或者形象作推荐、证明		《广告法》 第二十四条
招商投资广告	招商等有投资回报预期的商品或者服务广告，应当对可能存在的风险以及风险责任承担有合理提示或者警示，并不得含有下列内容： 1. 对未来效果、收益或者与其相关的情况作出保证性承诺，明示或者暗示保本、无风险或者保收益等，国家另有规定的除外； 2. 利用学术机构、行业协会、专业人士、受益者的名义或者形象作推荐、证明		《广告法》 第二十五条

续表

义务 行业	消极义务	积极义务	现行有效的 法律规定
房地产广告	房地产广告不得含有下列内容： 1. 升值或者投资回报的承诺； 2. 以项目到达某一具体参照物的所需时间表示项目位置； 3. 违反国家有关价格管理的规定； 4. 对规划或者建设中的交通、商业、文化教育设施以及其他市政条件作误导宣传； 5. 房地产广告不得含有风水、占卜等封建迷信内容，对项目情况进行的说明、渲染，不得有悖社会良好风尚； 6. 房地产广告中不得利用其他项目的形象、环境作为本项目的效果； 7. 房地产广告中不得出现融资或者变相融资的内容； 8. 房地产广告中不得含有广告主能够为入住者办理户口、就业、升学等事项的承诺	房源信息应当真实，面积应当表明为建筑面积或者套内建筑面积	《广告法》第二十六条 《房地产广告发布规定》第四条、第八条、第十四条、第十六条、第十八条

（三）审核虚假广告

《广告法》第四条规定："广告不得含有虚假或者引人误解的内容，不得欺骗、误导消费者。"《广告法》第二十八条规定："以虚假或者引人误解的内容欺骗、误导消费者的，为虚假广告。"根据条文解读，虚假广告在内容上包括虚假或引人误解的内容，并且，在行为预期上达到了欺骗、误导消费者的目的。虚假，即不存在、不真实、错误的信息；引人误解，即通过片面、隐藏关键信息或条件、用歧义性或含糊性的语言对受众的判断、认知造成错误理解。引人误解的内容可以是真实的，也可以是虚假的，在广告活动中体现为导致消费者对商品或者服务的客观情况造成错误理解。

虚假广告处罚力度大，并且认定复杂，经常给广告经营者、发布者带来巨大的审核压力。广告本身是艺术创造的结果，一定的艺术加工能够提升广告的表现张力，从而吸引更多的受众，甚至一些优秀的广告片被受众奉为经典，成为社交热点话题。然而，如果广告艺术加工超过合理程度，可能会导致受众无法客观了解商品或者服务的真实情况，沦为虚假广告。各种尺度的把控，需要广告经营者、发布者在准确、透彻地理解立法宗旨之外还应具备较强的、敏锐的审核嗅觉。

广告经营者、发布者在素材审核时，应具体结合《广告法》第二十八条规定的相关情形进行综合判断。

1. 商品或服务不存在的

当商品或者服务不存在时，为其进行宣传推广的广告信息即成为了无本之木。在实践活动中，广告主可能通过大肆宣传自己虚构的商品或者服务，吸引受众关注该广告主、访问广告主的网络页面，进而增加广告主品牌影响力或推销其他商品或者服务。这是典型的虚假广告行为。

对于"不存在"的解读，不应狭义地理解为自始至终没有该商品或者服务。如果该商品或者服务之前存在，但在广告发布之时出现已经下架、售罄等其他导致无法供给的情况，均应理解为"不存在"。判断的时间点应为广告发布之时。此外，"不存在"在理解上不应仅限于全部不存在，还应当包括商品或者服务部分不存在的情况。

2. 商品或服务的基本信息虚假，并对购买行为有实质影响

商品的性能、功能、产地、用途、质量、规格、成分、价格、生产者、有效期限、销售状况、曾获荣誉等信息，或者服务的内容、提供者、形式、质量、价格、销售状况、曾获荣誉等信息，以及与商品或者服务有关的允诺等信息与实际情况不符，对购买行为有实质性影响的，为虚假广告。

商品或者服务的上述基本信息是影响消费者购买意愿的重要因素：性能、功能、用途等信息是购买需求的决定性元素；价格信息是购买行为的重要参考；产地、生产者、提供者等信息是消费者识别品牌的主要依据；质量、规格、成分、形式、有效期限等信息是消费者充分考虑商品服务适用性的要素；销售状况、曾获荣誉、承诺允诺等信息是购买意愿的佐证。保证上述信息的真实、准确、完整，是保护消费者知情权和选择权必不可少的要求。

值得注意的是，当广告的基本信息与实际情况不相符时，只有对购买行为产生实质性影响的广告才构成虚假广告。如果广告主对基本信息采用过分、夸张的艺术加工，或情感层面的过度渲染，但明显对消费者

的购买行为并不能产生实质性影响的广告，也即不满足上文所述的"虚假广告以欺骗、误导消费者为目的"，不应认定为虚假广告。例如，为渲染某款食品食用之后让人心情愉悦，广告视频中的表演者食用后开心地跳上云端；为表达某品牌鲜花的用途、功能，广告宣称"送她这只花，表达你全部的爱"等。显然，根据一般理性人的社会认知，消费者不会看到该广告后认为吃了这个食品就可以飞上云端，也不会认为该品牌鲜花是爱人之间表达感情的全部方式。上述广告是在合理的范围内进行艺术加工的，并不会对消费者的购买行为造成实质性的影响，不应认定为虚假广告。《最高人民法院关于审理不正当竞争民事案件应用法律若干问题的解释》第八条规定："以明显的夸张方式宣传商品，不足以造成相关公众误解的，不属于引人误解的虚假宣传行为。"虽然该解释针对的是《反不正当竞争法》中的虚假宣传行为，但探究立法本意不难理解，该解释为本段论述提供了制度的支撑。[①]

此外，"对购买行为是否有实质影响"应当以普罗大众的基本观念为判断标准，而不宜以个体的特殊认知作为定性依据。

3. 引证内容虚假

使用虚构、伪造或者无法验证的科研成果、统计资料、调查结果、文摘、引用语等信息作证明材料的，为虚假广告。

广告主往往为了向受众展示其商品品质（如销售量排名较高、某属性达到行业领先水平）、商品荣誉（如所获奖项）等，在广告中引用科研成果、第三方的数据、统计资料、调查结果、文摘、引用语等内容（统称"引证材料"）加以佐证，从而增强广告的证明力和说服力。广告主应当确保引证材料真实、准确，不存在虚假内容。

引证材料的真实性等要求具体表现在：

（1）引证来源真实：真实存在该引证信息，引证来源的机构真实并具备出具引证材料的资质。

（2）引证信息的制作方法真实：统计、计算、研究、调查方法等真实、合法。

[①] 孙道萃："虚假广告犯罪的网络化演变与立法修正思路"，《法治研究》2018年第2期。

（3）广告主使用引证材料的行为真实、准确：不得牵强附会、任意引申、断章取义、模糊套用，不得采取忽略对广告主不利的部分、违背引证材料原意等其他导致受众误解引证内容的行为。

（4）引证限制说明：引证材料有限制性条件或有效期的，应完整说明适用范围、有效期等内容。

4. 虚构效果

虚构使用商品或者接受服务的效果的，构成虚假广告。广告中关于使用商品或者接受服务的效果的描述，是吸引消费者购买意愿的重要因素。虚构或者夸大效果的广告将导致受众无法真实掌握商品或者服务功效，从而作出错误的购买意思表示。

虚构效果主要有以下几种展现形式：

（1）对使用后的功效做夸大宣传：此种类型最为常见，例如某化妆品使用后当天见效；某日化洗涤剂号称三分钟去污；某润滑剂号称使用后机器零损耗等。

（2）借用某一商品构成元素的功效，宣传商品使用功效：一些食品类商品可能包含对人体有益的微量元素，或原材料中包含中草药。从科学的角度来看，这些成分虽然有益身体健康，但要实现该效果的条件甚为苛刻。例如某中草药需要长期定量地、并在一定条件下服用才可产生一定效果，仅通过单纯地食用含有该中草药成分的食物就希望达到有益健康的效果是不现实的，相关的宣传行为势必会对普通消费者造成误导。此类广告属于虚假广告。

（3）对不使用的后果做夸张假设：在实践中发现一些广告主通过虚构、夸张渲染不使用某商品或者服务将会带来的危害后果，引起消费者担忧或恐慌而作出购买意思表示。例如，"三天不吃、腰酸背痛""不使用 XX 按摩椅一定患颈椎病"等。此类广告素材应认定为虚构效果的虚假广告。

（4）隐瞒、片面介绍使用后的副作用：部分商品或者服务会引发一系列副作用，而一些副作用可能会对消费者购买意愿造成重要影响。只报喜不报忧、片面或含糊介绍副作用的广告易让受众认为本商品或者服务有益无害，会对商品或服务的使用效果产生错误的乐观认识。此类广告在一定程度上亦会构成虚假广告。

（四）审核素材中必须包含的内容

广告内商品或服务中的某些信息，或对消费者的购买决策有重大影响，或不加提示、警示会对消费者的权益造成严重侵害，为避免对消费者造成混淆、误导，在广告素材审核环节，除了应禁止违法违规的内容外，还应审核素材是否包含了法律法规明确规定应当在广告素材中予以标明的内容。《广告法》第八条第三款规定："法律、行政法规规定广告中应当明示的内容，应当显著、清晰表示。"

1. 附赠信息标明审核

广告主可能通过在广告中宣称购买某商品或者服务的同时附赠一定的礼品、消费券、抵用券、额外服务等方式，吸引受众关注。《广告法》第八条第二款明确规定"如广告中表明推销的商品或者服务附带赠送的，应当明示所附带赠送商品或者服务的品种、规格、数量、期限和方式"。

因附赠商品、附赠规则等内容的不同，附赠信息标明的信息种类和方式也会有所不同。

（1）附赠信息的标明范围

依法应当标明的内容包括赠送商品或者服务本身的品种、规格、数量、期限和方式。在规则较为简单的买实物送实物（即"买一送一"）的活动中，广告主只需对赠品的规格、质量等予以标明即可。然而，在附赠规则较为复杂的活动中，例如对消费金额、商品种类、购买期限等有限制的附赠活动；优惠券、抵用券等赠品在使用门槛、有效期限、可兑换商品种类等方面有限制的附赠活动，附赠信息应包括活动规则的全部详细内容，否则，受众往往难以及时地、全面地理解和掌握相关规则。

（2）附赠信息的标明方式

一般情况下，如果需要完整、详细地展示全部附赠信息，需要大篇幅的广告页面。如果生硬地要求附赠信息必须在广告素材内展示完毕，势必增加广告主的费用负担，也会限制广告主可以选择的媒体，从而影响广告宣传效果。

广告法要求标明附赠信息目的是为了保护消费者的知情权，附赠信息的标明原则应当是确保消费者在消费之前能够有条件知悉具体的活动规则。因此，对于受篇幅规格、版面设计等限制的情况，广告主应当根据具体销售场景引导消费者留意详细的附赠信息。传统媒体的广告素材因无法直接完成销售环节，可以明确"详情请咨询客服XXXX（此处为客服电话）""详情请见店铺介绍"，从而确保消费者在实体店或在网站购买商品时有意识和条件去了解活动规则。网络广告分为两种情况，通过网络广告推广线下活动的，可以参照传统媒体广告的做法；而对于能够直接通过网络广告跳转至购买页面的情况（比如广告素材直接链接至电商平台），在广告素材中明确"详情请见活动页面""活动规则详见www.XXXX.com（此处为活动介绍页面域名）"，并在销售页面提供详细的规则展示或引导消费者关注详细活动规则的指引、提示或网络链接等，为受众及时全面地理解和掌握活动规则提供条件。

2. 引证标注审核

如前文分析，素材中引证内容的真实性关乎是否构成虚假广告。广告主在保证引证真实的前提下应标注引证来源、引证的适用范围及有效期限等内容方便受众查验，帮助受众充分认识所推广的商品或服务。《广告法》第十一条第二款规定："广告引证内容应当表明出处；引证内容有适用范围和有效期限的，应当明确标示。"

引证内容应当理解为是引用第三方提供的资料、证明、著作、研究、报告等。广告主自有的经营或者研究数据（比如销量、业绩、用户数、门店数量等）不属于引证内容，在使用时可不标明出处，但广告主仍应对其真实性承担责任。

3. 专利信息标明审核

专利产品会给消费者更科学、更先进的直观感受，有利于广告主获得消费者的信赖。为了避免违法使用专利信息获取不当竞争利益、误导消费者的情况发生，广告中涉及专利产品或者专利方法的，应当标明专利号和专利种类。未取得专利权的，不得在广告中谎称取得专利权。并且，禁止使用未授予专利权的专利申请和已经终止、撤销、无效的专利作广告。如果广告素材涉及专利信息的，广告经营者、发布者应当要求广告主提供相应证明。

4. 特定种类广告信息标明

除上述通用于全部行业广告素材中的标准外，《广告法》及相关法

律法规对药品广告、保健食品广告、招商投资广告、房地产广告等行业领域亦规定了必须标明的情况,例如:

(1)《广告法》第十六条规定了处方药广告应当显著标明"本广告仅供医学药学专业人士阅读"。非处方药广告应当显著标明"请按药品说明书或在药师指导下购买和使用"。推荐给个人自用的医疗器械的广告,应当显著标明"请仔细阅读产品说明书或者在医务人员的指导下购买和使用"。医疗器械产品注册证明文件中有禁忌内容、注意事项的,广告中应当显著标明"禁忌内容或者注意事项详见说明书"。

(2)《广告法》第十八条规定了保健食品广告应当显著标明"本品不能代替药物"。

(3)《广告法》第二十五条规定了招商等有投资回报预期的商品或者服务广告,应当对可能存在的风险以及风险责任承担有合理提示或者警示。

(4)《暂行办法》第十三条第二款规定了程序化购买广告方式的网络广告,作为广告发布者的广告需求方平台应当清晰标明广告来源。

(5)《房地产广告发布规定》第四条明确了房地产广告房源信息应当真实,面积应当标明为建筑面积或者套内建筑面积。

除上述示例外,针对特定种类广告信息标明的规定散见于相关特殊行业法律、法规、规范性文件等,需要广告经营者、发布者在相关领域广告素材设计、制作、代理、发布时注意。

前述第(2)—(4)条内容的标明以及广告的其他内容(包括但不限于详细阐释广告创意、广告目的的文字、图片、音视频等),与附赠信息一样会遇到篇幅限制等客观限制。由于传统媒体广告载体的特点,受众眼见即为全部,因此,对于依法必须标明的信息在传统媒体中需要通过扩大板块、调整文案等方式予以完整标明。在网络广告中,由于落地页通常被认为属于广告素材的证明资料,因此,相关内容应当可以在落地页中予以明确,以实现资源最优配置。

(五)建立健全广告业务制度

1. 主要制度

为保障广告经营活动的规范性、体系性,保证广告主与广告发布者之间的广告服务合作有据可查，在消费者因广告内容而造成损失时可以及时联系到广告主，广告经营者、发布者应建立完整的广告承接、档案管理制度。《广告法》第三十四条、《暂行办法》第十二条规定了广告发布者应当按照国家有关规定，建立、健全广告业务的承接登记、审核、档案管理制度，并定期核实更新。

（1）承接登记制度

广告经营者、发布者应建立完整的承接登记制度，在承接广告时审核、备案广告主（包括经广告主委托的广告经营者）的基本情况及其资质证明材料以及与广告素材有关的证明材料等。主要登记内容包括名称、营业执照（自然人身份证）、经办人身份、地址、电话等。

（2）审核制度

广告经营者、发布者应认真学习、落实相关法律法规规定，制定完整的广告素材设计、制作、审核、广告准入、巡查复审等制度，配备专门的广告审核人员负责广告审核工作，必要时开发计算机软件配合审核工作，如程序化管理审核流程、通过电子化流程进行关键词过滤等。

（3）档案管理制度

档案管理制度，即对广告发布中每一环节所涉及的各种材料进行整理、归纳、存档。这些材料主要包括广告合同、广告提交记录、证明文件、审核记录、落地页网页快照等。广告业务档案要分类保存，并且应当完整、真实地反映广告承办的全过程，以便于查找、利用；并且应当按照规定定期更新，保证档案记录的信息真实、有效。

2. 建立健全广告业务制度的必要性

《暂行办法》第十二条规定广告经营者、发布者应审核查验并登记广告主的名称、地址和有效联系方式等主体身份信息，建立登记档案并定期核实更新。广告业务制度建立健全有利于广告发布者更加专业、高效、安全地开展广告经营业务，帮助广告经营者、发布者准确辨别违法广告，也有助其合理规避自身的法律风险。

（1）避免承担先行赔偿责任

《广告法》第五十六条规定："在广告经营者、发布者没有过错的前提下，消费者因虚假广告导致合法权益受到损害的，如果广告经营者、发布者不能提供广告主的真实名称、地址和有效联系方式的，消费者可以要求广告经营者、发布者先行赔偿。"因此，对广告主主体信息采取事先登记、核实以及事后不定期更新的制度，实际上是有助于降低广告经营者、发布者自身风险的一个措施。然而，由于以下客观现实，广告主信息的核实将会在很长时间内作为不可杜绝的隐藏风险：

a. 便捷性与真实性的矛盾

便捷性是网络广告的一大特点。网络广告没有地域和时间的限制，注册、投放等过程都是广告主体在线自助完成的，资质等证明材料也是以扫描件的形式在线提交至发布系统。网络广告业务普遍通过在线投放方式完成，因此，在整个网络广告经营活动过程中，各个主体之间也不会有实质性的接触。无论是传统媒体广告还是网络广告，都会同样面临无法实质性核实广告主资料的困境。不同的是，在传统广告业务中，各主体可能通过电话、面谈等方式接触，资料造假的成本以及被识破造假的风险都较高，而网络的便捷性恰恰在最大程度上降低了造假的门槛和风险。

b. 真实性和有效性的矛盾

真实性是针对固定时间点提出的具体要求，只要在某个特定时间节点相关信息是真实的，即满足该要求；而有效性则是针对持续性提出的要求，广告主体必须保证在特定时间段内相关信息均是符合要求的。一方面，广告经营者、发布者即使定期核实曾经登记的资料是否依旧有效，但也无法避免信息滞后性的问题。另一方面，当广告主经营地址、联系身份等部分信息变更时，广告经营者、发布者的审查核实义务是无法实现或者难以实现的。

c. 有效性和主动性的矛盾

即使广告经营者、发布者提供的广告主的资料均为真实、有效，如果广告主怠于处理消费者投诉或怠于配合行政调查等，则广告经营者、发布者可能也会承担先行赔偿责任。先行赔偿制度的设计意味着法律首先保护消费者的合法权益，然后再考虑如何去向广告主追偿，甚至可能因此承担行政处罚等责任。

尽管有上述客观现实障碍，但是，广告经营者、发布者做好严格的准入身份核实以及信息更新工作，仍旧是保护自身合法权益的必备及有效措施，有助于较为及时地剔除使用虚假资料的广告主，降低虚假广告等违法风险。

(2) 证明自身是否存在过错

《暂行办法》规定广告主自行发布广告的，由其自行承担责任，同时，也规定如果广告主委托广告经营者、广告发布者发布广告，广告主修改广告内容时，应当以书面形式或者其他可以被确认的方式通知广告经营者、广告发布者。网络广告中，广告素材是广告主提交到广告经营者、广告发布者系统中的内容，广告主无法自行修改，但是，广告落地页并不在广告经营者、发布者掌控范围内，广告主可以随时随意更改。因此，广告合同、广告提交记录、证明文件、审核记录、落地页网页快照等，能够有效重现广告提交审核时的状态，从而证明广告经营者、发布者在特定广告发布流程中是否存在过错，并最终决定其是否需要承担责任。

(六) 禁止不正当竞争要求

《广告法》第三十一条规定广告主、广告经营者、广告发布者不得在广告活动中进行任何形式的不正当竞争。《暂行办法》第十六条规定了互联网广告活动中不得从事下述行为：通过提供或者利用应用程序、硬件等对他人正当经营的广告采取拦截、过滤、覆盖、快进等限制措施；利用网络通路、网络设备、应用程序等破坏正常广告数据传输，篡改或者遮挡他人正当经营的广告，擅自加载广告。

正当的网络广告发布商业模式受法律保护，拦截、篡改他人广告、替换自身广告的行为，具有破坏其他广告发布者正当的经营利益、获取不当收益的主观意图，应属于违背商业道德、违反诚实信用的行为，同时该行为不适用"技术中立原则""消费者利益保护"等原则的抗辩，属于《反不正当竞争法》所规制的不正当竞争行为。[①] 任何发布广告的主体，包括广告主、广告经营者、广告发布者都应禁止利用上述形式从事广告发布行为。

---

① 谢兰芳、王喆、关悦：《拦截"正当经营的互联网广告"行为的违法性分析》，《电子知识产权》2016年第7期。

(七) 配合执法、处理消费者投诉义务

1. 配合执法义务

《广告法》第五十一条规定工商行政管理部门依照本法规定行使职权，当事人应当协助、配合，不得拒绝、阻挠。《广告法》第四十九条规定工商执法中可以行使现场检查、询问或调查有关人员、调查相关证明文件及合同、账簿、广告作品等有关资料、查封或扣押涉嫌违法的经营设备等财物、责令暂停发布广告等职权。

具体来看，若广告涉嫌违法，广告经营者、发布者应对执法机关上述执行公务的行为予以配合，不可阻挠执法行为，具体包括客观、真实应答相关询问、调查；对于应提供的相关物料、证明材料等应及时提供，不可藏匿、销毁或拒绝提供；禁止破坏查封封条或通过任何形式使用、修改被查封或扣押的涉案财物；立即停止涉嫌违法广告发布等。

2. 处理消费者投诉义务

在网络广告活动中，广告通过广告主选择的媒介或载体触达消费者，消费者实质接触的是展示广告的媒介或载体本身，而往往并不实际接触、了解广告主的信息。如果消费者认为商品或者服务的广告存在虚假等违法问题，为了便于消费者维权，应当保证消费者有权向广告经营者、发布者发起投诉，由广告经营者、发布者提供广告主的相关信息、协助处理纠纷。

同时，为避免虚假投诉、恶意投诉，保护各方合法权益，广告经营者、发布者在处理消费者投诉时，有权要求消费者提供充分证据，包括但不限于证明广告存在违法问题、消费者阅读了相关广告并基于该广告购买了商品或者服务、因广告违法问题给消费者造成了损失等。

(八) 特殊义务

1. 广告发布者的广告可识别性义务

与传统广告不同，网络广告具有互动性高、内容丰富、精准推送等特点，这在很大程度上归功于其"玩法多样"的优势，但种类繁多的广告形式亦会引发复杂的法律问题。广告发布者应在法律法规规定的范围内，合法创意广告发布形式。

为将广告信息与普通信息相区分，保证受众能够充分辨识相关内容属于商业广告，避免造成错误理解，《广告法》第十四条、《暂行办法》第七条对广告的可识别性做出明确规定，要求显著标明"广告"。

首先，广告须标明为"广告"。社会各界普遍认为应当严格按照字面解释"广告"的含义，不得使用诸如"推广"、"商业推广"、"掌柜推荐"等字样代替"广告"二字，避免对消费者的理解造成不当影响。

其次，是"广告"标明方式的问题。在标明"广告"两个字时，可以分为按件标明和按板块标明，如果广告融合在非广告信息之间，比如网页文章中插入了图片或视频广告等，则应当在单个广告中标明"广告"二字。如果，广告板块相对独立且集中，比如报刊的广告版面，则仅需在版面较为醒目的位置统一标明"广告"即可，无须再在每个广告中加入标识。

最后，在责任主体的认定方面，《广告法》第五十九条第三款规定："广告不具有可识别性的，将对广告发布者处十万元以下的罚款。"在传统广告领域，广告发布者通常具有媒体的经营权和使用权，其可以自主统筹"广告"标识事宜，包括决定是否标明以及如何标明等。在网络广告领域，广告发布者对媒体本身是没有控制权的，其仅可以控制广告本身（包括内容和是否推送等），在某些情况下"广告"标识需要媒体运营者添加。此时，广告发布者若因为媒体运营者的不作为导致广告行为违法，也只能根据合作协议等向媒体运营者追偿。

广告标识对保护消费者的合法权益具有重要意义。但随着技术的革新和跨界合作兴起，市场出现了更多新颖的广告形式和样态，例如视听作品中的植入广告以及虚拟礼品的品牌合作等，这导致了广告标识规定在实践适用中仍存在部分争议。如果生硬地要求在此类形式的广告中增加文字性的"广告"标识势必会对相关作品的完整性、艺术表现效果造成影响。目前，在新颖广告中如何标识"广告"字样存在较大争议，需要社会各界一同讨论确定。

2. 广告经营者使用他人名义取得授权义务

《广告法》第三十三条规定："广告主或者广告经营者在广告中使用他人名义或者形象的，应当事先取得其书面同意；使用无民事行为能力人、限制民事行为能力人的名义或者形象的，应当事先取得其监护人的书面同意。"根据《民法通则》和《著作权法》等法律的规定可知，自然人对自己的姓名和肖像拥有姓名权和肖像权，法人和其他组织对自己的名称拥有名称权。广告经营者如果以他人的名义、形象从事广告活动，就涉及他人的姓名权或者名称权、肖像权需要事先得到他人的同意。

三　网络广告经营者、发布者的责任

广告经营者、发布者在广告经营行为中扮演着重要的角色。从权利义务对等的角度来讲，若广告经营者、发布者没有充分尽到审核资质、素材的义务，没有建立、健全广告承接登记、档案管理制度，或者发布广告的形式违法，则应承担相应的法律责任。

在《广告法》《暂行办法》对广告经营者、发布者设定的各种责任中，广告承接登记、档案管理制度广告形式违法的情形，在主体责任认定上相对容易，仅需分析广告发布者的行为是否满足法律法规的要求即可判断。但在广告审核的责任认定问题上就要复杂很多，在认定广告审核的责任时，首先需要明确违法广告的出现是因为广告经营者、发布者未尽审核义务，还是已尽义务而仍无法避免。如果是前者，应由广告经营者、发布者承担违反审核义务的法律责任；如果是后者，应由广告主最终对广告的真实性、合法性承担相关法律责任。因此，在判断广告经营者、发布者是否需要承担责任、承担何种责任之前，需要明确广告经营者、发布者的审核边界在哪里。

（一）广告经营者、发布者的审核边界

广告经营者、发布者受信息不对称、审核效率等限制，客观上无法对广告内容承担全面实质的审核义务。[①] 广告主是整个广告活动中的最初发起者，也是广告活动的最终受益人。广告活动的目的是为广告主推销商品或者服务，广告主掌握了所宣传的商品或者服务的全部基本信

---

① 刘权：《互联网平台应如何承担广告发布责任？》，财经网，http：//www.kaixian.tv/gd/2017/0317/749749.html，最后访问时间：2018年9月25日。

息，对广告内容享有最终的决定权。因此，广告主应当对广告的真实性负责（《广告法》第四条第二款、《暂行办法》第十条规定），广告经营者、广告发布者对广告内容承担查验、核对的义务。

1. 相关概念的界定

在广告经营者、发布者相关义务的具体表述上，《广告法》规定广告发布者应"查验""核对"相关证明材料及广告内容；在广告发布者责任承担的问题上，《广告法》规定部分情况下广告发布者只有"明知"或"应知"时才承担赔偿责任。因此，厘清上述概念，是界定广告发布者审核边界的前提。

（1）"核对"的解析

与1995年《广告法》第二十七条规定的"广告经营者、发布者查验、核实证明文件及广告内容，对内容不实的广告不得发布"不同，2015年生效的新《广告法》使用了"查验、核对证明文件及广告内容，对内容不符的广告不得发布"的表述，事实上是立法机关、执法机关充分考虑广告市场客观运营逻辑后在各方主体权责统一的基础上做出的进步性修改，在一定程度上客观、公允地对广告经营者、发布者课以责任。

核实包含落实、确认是否属实的意义，即要求广告经营者、发布者对广告的真实性进行实质核查，如发布内容不实的广告，经营者、发布者将承担违法责任；核对，即审核查对，只要广告经营者、发布者根据相关规定要求广告主提供相关证明材料，并将广告内容与证明材料进行比对、查对两者是否具有一致性或关联性即尽到义务，如未充分查对导致内容与证明材料不符的需要承担违法责任。该规定与"广告主对真实性承担责任"的规定相呼应，再次确认了广告主是违法广告第一责任人的原则，将对广告经营者、发布者的课责回归理性，对于促进广告市场繁荣发展具有重要意义。

（2）"明知"、"应知"的解析

在违法广告责任界定层面，根据《广告法》规定广告经营者、发布者在"明知或应知"广告违法的情况下仍继续发布广告，并且存在应以处罚的过错，才需承担相应的法律责任。可见，界定"明知"和"应知"的内涵对于界定广告经营者、发布者的责任来显得尤为重要。

"明知"、"应知"属于共同侵权领域"主观状态"认定的范畴，本质上是对行为主体"注意义务"强弱的判断，在网络知识产权侵权领域已经形成了较为成熟的判断规则。在广告活动之中，如下分析路径可供参考：

a. "明知"的解析

在下列情况下，应认定为广告经营者、发布者对违法事项的主观状态是"明知"：

（a）怠于履行法定义务：例如法律法规规定广告主必须具备相关特殊资质、提供广告审查证明（如医疗广告等），才可发布特殊种类的广告。若广告发布者未要求广告主提供上述内容，或广告主明确表示不具备上述材料而仍然发布广告的，其主观状态应认定为"明知"。

（b）怠于执行执法机关处罚：主管机关依职权对广告经营者、发布者设计、制作、代理、发布的广告予以处罚或者通知广告经营者、发布者予以处理后，广告经营者、发布者应当及时停止发布，否则应认定其明知违法广告仍继续提供设计、制作、代理、发布服务。

（c）怠于处理权利人、消费者投诉：若权利人、消费者向广告经营者、发布者投诉特定广告涉嫌违法，在提供充分投诉证据之后，广告经营者、发布者应考虑及时联系广告主并要求广告主提供解释说明，并对明确、明显存在违法事实的广告予以下线处理，否则亦可能在一定程度上构成"明知"。

b. "应知"的解析

在广告素材明显不实、违法的情形下，应认定广告经营者、发布者对违法事项的主观状态是"应知"。原上海市工商行政管理局《关于违反〈广告法〉行政处罚裁量基准》第十三条第二款提到："若广告内容明显违背科学常识、生活常理、基本市场规律，广告经营者、发布者应与广告主共同承担法律责任。"例如，广告素材提到"食用某食品保证十天不饿"、某电商商户号称"某奢侈品手表仅卖10元"等。基于理应具备的基本审核常识，广告经营者、发布者对此应当能够作出广告内容违法的判断，如果此时仍为广告主发布广告，其主观状态应当构成"应知"。

（3）广告主资质的审核边界

广告经营者、发布者应严格按照法律、法规的规定要求广告主提供相关基本资质、特殊资质证明材料,从形式上谨慎判断上述证明材料是否明显虚假(如公章不完整、主体不一致)、是否有效(如相关材料是否已经过期、有效期是否包含本次广告合作期间),同时查验、核对上述内容是否与广告素材相符(尤其是查验、核对特殊种类广告审查证明上的内容是否与本次发布的广告内容相符)。广告经营者、发布者完成以上的步骤即可视为履行完毕资质证明材料审核义务。若广告主通过技术手段伪造、变造相关资质证明材料的,所引发的法律后果应由广告主独立承担,与广告经营者、发布者无关。

(4)广告素材的审核边界

广告经营者、发布者应审核广告素材内容,对于包含法律所禁止的内容或明显构成虚假宣传内容的广告,应禁止提供设计、制作、代理、发布服务;同时对于素材中"突出宣传"内容的广告和引证广告,应要求广告主提供相关客观证明,并核对证明与广告宣传表述是否相符。本书所指"突出宣传"的内容,是指广告素材宣传的客体、对象,一些内容虽然出现在广告素材中但并不是广告所宣传的客体,只是素材创意的非突出或非核心组成元素。对于此类非突出宣传的内容,广告发布者应尽一般的注意义务,而由广告主对其真实性承担法律责任。例如,电商大促广告展示了该平台上大量商户打折优惠,该广告的"突出宣传"内容实则为电商平台活动,即电商平台品牌性广告,广告发布者应审核的是该电商平台是否存在经营资质,而对于是否存在打折活动(甚至商户是否如实按照标出的折扣力度提供打折优惠),广告经营者、发布者没有能力也有没有义务审核确认,应由广告主对其真实性承担法律责任。

此外需要明确的是,广告经营者、发布者的素材审核义务应集中于宣传用语本身,即宣传用语是否存在虚假、是否包含法律禁止性规定的内容,而对于商品或者服务的具体型号、原材料、客观性能、质量、价格等根据法律法规广告主必须披露、展示的信息,本身不属于广告,广告经营者、发布者不应对其真实性承担审核义务。例如某手机广告宣传电池容量是XX毫安、可连续使用X小时,广告经营者、发布者无需通过技术手段拆解分析电池质量、测评真实的可使用时间,上述内容应由广告主自行保证。

最后，关于"广告主资质的审核边界"的问题，部分研究者认为，广告经营者、发布者应审核相关证明文件，而证明文件本身的真实性等问题，应由广告主自行承担相应法律责任。

(5) 广告落地页关联性的审核边界

在网络广告中，由于互联网具有"无限跳转、无限链接"的特点，绝大多数网络广告是跳转链接广告，即用户可通过点击含有链接的广告内容（广告素材）跳转链接至广告内容的承载页面（行业内一般称为"落地页"，也可称为"链接内容"），进一步了解广告信息或直接实现商品或者服务的购买。链接内容的审核是网络广告独有的步骤。

a. 链接内容属于证明文件

如前所述，广告发布者是指为广告主或者广告经营者推送或者展示网络广告，并能够核对广告内容、决定广告发布的自然人、法人或者其他组织。广告经营者、发布者仅有能力核对广告素材的链接内容，但是没有能力决定链接内容是否发布，因为，链接内容本身已经是发布状态，它有独立的发布者。但是，鉴于链接内容与广告素材具有紧密的联系，法律赋予了网络广告经营者、发布者在一定程度上的特殊审核义务。

链接内容不是广告的组成部分，广告素材由广告发布者、广告经营者负责核对，而广告主对链接内容的真实性、合法性负责。网络广告经营者、发布者在审核广告素材时，应当将链接内容作为证明该广告素材内容真实性、合法性的证明文件一并审查并予以保存。[①] 因此，广告经营者、发布者审核链接内容不同于审核广告。

b. 链接内容仅限首次跳转页面内容

结合实际情况来看，往往用户在点击广告素材后，将可能跳转至落地页，即广告主自己的页面或合作伙伴的页面。从首次跳转开始相关页面已经由广告主或其他权利人自行控制，广告经营者、发布者对于落地页上的内容已无决定权，不应承担广告法规定的相应法律责任。此外，落地页的形态种类多样，如落地页承载的可能是广告主的移动 APP 下

---

① 国家工商行政管理总局广告监督管理司编著：《〈互联网广告管理暂行办法〉释义》，中国工商出版社 2016 年版，第 45—46 页。

载或自媒体关注页面，对于广告主的移动 APP 内提供的内容或服务、自媒体内的发表文章信息等，属于广告主自身的经营服务范围，如要求广告经营者、发布者对此仍需要承担审核责任，必然有失公平、过分苛责，并且实际上广告经营者、发布者也没法审核相应 APP 或自媒体的所有内容，这必然导致广告经营者、发布者的权利义务不对等，严重阻碍相关网络广告市场发展。

但是考虑到消费者的权益需要倾斜性的保护，为避免广告主滥用网络技术从事不法广告宣传行为（如发布合规的广告素材，但在落地页中恶意发布违法违规内容获取不当利益），网络广告经营者、发布者应审核首次跳转页面内容，合理履行查验义务，协助减少不正当的广告经营行为。

c. 审核落地页与广告素材是否存在关联性

广告经营者、发布者应关注链接内容与广告素材内容是否存在关联性，即关注链接内容是否作为广告素材的进一步解释说明，如二者毫无关系，则该广告可能构成虚假广告。

广告经营者、发布者在审核链接内容时，应考虑通过网络技术截屏留证，以防广告主未经广告发布者允许擅自变更、替换链接内容，导致广告经营者、发布者承担违法后果。《暂行办法》第十条第四款规定："广告主委托网络广告发布者发布广告，修改广告内容时应当以书面形式或者其他可以被确认的方式通知为其提供服务的广告发布者。"若广告主不履行上述规定，则应独立承担因此引发的全部法律责任。

（二）广告经营者、发布者行政责任

广告经营者、发布者应严格遵守《广告法》《暂行办法》等相关法律法规的规定，合规从事广告发布服务，如违反相关规定，工商行政管理部门有权予以监督、处罚。《广告法》在第五章法律责任中，专章规定了行政处罚责任，具体来看有以下几个特点：

1. 处罚严厉程度提高，处罚种类多样

新《广告法》较 1995 年《广告法》而言，提升了行政处罚的严厉程度，例如将虚假广告的罚款底线从原来的"广告费用一到五倍"提升至"广告费用三到五倍"，并增加"吊销营业执照"这类最严格的资格罚，形成了责令改正、责令停止发布广告、罚款、没收违法所得、暂停业务、吊销证照等为主要内容的处罚责任矩阵，有利于督促广告经营者、发布者合规经营。

2. 广告主承担第一责任，广告经营者、发布者承担过错责任

根据"广告主对广告内容真实性负责"的原则，以及《广告法》第五十六条等相关行政处罚条款的规定顺序来看，广告主应作为自身商品或者服务的广告信息的第一责任人，广告经营者、发布者原则上无过错时无需承担责任，具体来看：

（1）违反相关禁止性规定发布广告，广告经营者、发布者存在过错时，应承担行政责任

广告经营者、发布者应禁止为法律法规禁止发布广告的商品或者服务发布广告，禁止广告素材中出现法律法规禁止出现的内容，否则应视为未尽审核义务，承担该过错的行政处罚责任。例如广告经营者、发布者违反《广告法》第九条、第十条、第十五条、第二十条、第二十二条、第三十七条、第四十条第一款等条文规定发布广告，工商行政管理部门有权没收其广告费用，并处 20 万元以上 100 万元以下的罚款；情节严重时，还可以吊销其营业执照和广告发布登记证件。

（2）违反业务管理制度类规定，或广告发布形式类规定，广告经营者、发布者存在过错时，应承担行政责任

建立、健全广告业务的承接登记、档案管理制度，以及保证通过自身媒体发布的广告形式合法是广告发布者的义务，与广告主相关性较低。广告经营者、发布者违反相关规定提供广告发布服务，应认定其存在过错，基于此承担相关行政处罚。例如《广告法》第六十一条规定："广告经营者、发布者未按照国家有关规定建立、健全广告业务管理制度的，工商行政管理部门有权责令改正并处 5 万元以下罚款。"

（3）广告经营者、发布者明知或应知虚假广告、特殊种类商品或服务广告的内容违法应认定其存在主观过错并承担行政责任

广告经营者、发布者无法全面、完整地了解商品或者服务信息，正如《广告法》第五十五条的规定，广告经营者、发布者对于虚假广告只有在明知或应知时仍提供发布服务的（此时已存在过错），广告经营者、发布者才应承担相应行政责任。

与此同时，特殊种类商品或者服务的广告素材内容是否存在违反相

关特殊规定的情况，广告主一般只有在了解商品或者服务真实信息的前提下才可判断，根据《广告法》第五十八条的规定，广告经营者、发布者只有在明知或者应知的情况下才应承担相关责任。

（三）广告经营者、发布者民事责任

广告存在侵权内容时，广告经营者、发布者应承担相应的民事责任，即广告经营者、发布者在广告发布活动中如存在侵犯他人民事权益的情况，需要承担相关的侵权责任。《广告法》第六十九条规定了在广告中损害未成年人或者残疾人的身心健康的、假冒他人专利的、贬低其他生产经营者的商品、服务的、在广告中未经同意使用他人名义或者形象等情况下，广告经营者、发布者应承担民事责任；虚假广告造成消费者损失时，广告经营者、发布者在一定情况下应承担相应民事责任：

1. 先行赔偿责任

根据《广告法》第五十六条第一款的规定，若虚假广告导致购买商品或者接受服务的消费者的合法权益受到损害，由广告主承担民事责任。若广告经营者、发布者不能提供广告主的真实名称、地址和有效联系方式，消费者可以要求广告经营者、发布者先行赔偿。

通过上述条文解读可以发现，若虚假广告对相关消费者造成侵权，广告主是最终责任人，而广告经营者、发布者是中间责任人；如果广告经营者、发布者可以提供广告主的真实名称、地址和有效联系方式，消费者应自行向广告主主张侵权责任，此时不可向广告经营者、发布者主张权益，这与"广告主对广告真实性承担责任"的原则一脉相承。但是，若广告经营者、发布者无法提供广告主的上述基本信息、联系信息，消费者作为信息弱势一方无法联系到广告主，也无法获得赔偿，这将有失公平，不利于消费者权益的保护，因此法律规定广告经营者、发布者在此种情况下应承担"先行赔偿责任"，以优先满足消费者的赔偿需求。"先行赔偿"的表述中包含了"求偿权"的含义，广告经营者、发布者在赔偿消费者后有权向广告主追偿，要求广告主承担最终责任。[1]

---

[1] 杨立新、韩煦："我国虚假广告责任的演进及责任承担"，《法学论坛》2016年第11期。

2. 连带责任

（1）关系消费者生命健康的虚假广告，广告经营者、发布者承担无过错连带责任

根据《广告法》第五十六条第二款规定，关系消费者生命健康的商品或者服务的虚假广告造成消费者损害的，广告经营者、发布者应当与广告主承担连带责任。生命健康权是消费者最重要的人身权利，出于对消费者生命健康的保护，如果虚假广告所涉的商品或者服务关系到消费者的生命健康（如医疗、药品、医疗器械、食品类等出现虚假广告），消费者因此受到损害的，无论广告经营者、发布者对广告虚假事实是否知情、对发布虚假广告是否有过错，均需与广告主对消费者承担连带责任。

（2）广告经营者、发布者明知或应知广告虚假的，承担过错连带责任

《广告法》第五十六条第三款规定："其他商品或者服务的虚假广告，造成消费者损害的，其广告经营者、发布者明知或者应知广告虚假仍设计、制作、代理、发布等的，应当与广告主承担连带责任。"如果广告经营者、发布者明知或应知广告内容虚假，仍然提供发布服务的，其对于造成消费者损害的事实存在过错，应与广告主承担连带责任。

（四）广告经营者、发布者刑事责任

广告经营者、发布者在明知或应知广告虚假仍提供设计、制作、代理、发布等服务的情况下，如果构成犯罪，则需依法承担虚假广告罪的刑事责任。《刑法》第二百二十二条规定："广告经营者、广告发布者违反国家规定，利用广告对商品或者服务作虚假宣传，情节严重的，处二年以下有期徒刑或者拘役，并处或者单处罚金。"根据《最高人民检察院、公安部关于公安机关管辖的刑事案件立案追诉标准的规定（二）》第七十五条规定，"情节严重"应做如下理解：1. 违法所得数额在十万元以上的；2. 给单个消费者造成直接经济损失数额在五万元以上的，或者给多个消费者造成直接经济损失数额累计在二十万元以上的；3. 假借预防、控制突发事件的名义，利用广告作虚假宣传，致使多人上当受骗，违法所得数额在三万元以上的；4. 虽未达到上述数额标准，但两年内因利用广告作虚假宣传，受过行政处罚两次以上，又利用广告作虚假宣传的；5. 造成人身伤残的；6. 其他情节严重的情形。

第三章 网络广告中互联网信息服务提供者的主体地位和法律责任

一 互联网信息服务提供者的主体地位及法律责任

(一) 互联网信息服务提供者的定义

2005年4月29日,由国家版权局和信息产业部联合发布的《互联网著作权行政保护办法》首次提出了"互联网信息服务者"这一概念。在此之前,业内将提供互联网信息服务的主体统称为"网络服务提供者"。然而我国的法律、法规和司法解释均未对"网络服务提供者"一词作出明确的解释,在不同的法律、法规和司法解释中,甚至出现了含义相同但定义各异的表述。[①]

我国现有的法律条文明确了接入服务经营者以及信息源提供者的概念。1997年9月10日,原信息产业部颁布的《中国公众多媒体通信管理办法》第八条规定了"对接入服务经营者实行经营许可证制度"以及"对信息源提供者实行申报核准制度并由邮电部和各省、自治区、直辖市邮电管理局(以下统称通信主管部门)按照管理权限负责审批与核准"。2000年9月25日,国务院颁布的《互联网信息服务管理办法》第三条、第十四条分别规定了"互联网信息服务分为经营性和非经营性两类","互联网信息服务提供者和互联网接入服务提供者的记录备份

---

① 王华伟:《网络服务提供者的刑法责任比较研究》,《环球法律评论》2016年第4期。

应当保存60日,并在国家有关机关依法查询时,予以提供"。

2006年5月18日,国务院发布的《信息网络传播权保护条例》以提供网络服务的种类为标准,将网络服务提供者划分为网络自动接入、自动传输服务提供者、系统缓存服务提供者、信息存储服务提供者以及网络搜索、链接服务提供者四类;2006年11月22日,最高人民法院发布的《关于审理涉及计算机网络著作权纠纷案件适用法律若干问题的解释》将提供互联网信息服务的主体统称为"网络服务提供者",但并未对其定义和分类作出详细的规定。

理论上,互联网信息服务提供者也被称为"网络服务提供者",即Internet Service Provide(简称ISP),包括向用户提供网络接入和相关服务的主体。网络服务提供者这一含义范畴较为广泛,囊括了在网络上提供接入、搜索、传输、存储等技术和信息服务的一切自然人及网络服务商、非营利性组织等提供不同网络服务的群体,例如以新浪网、搜狐网、雅虎网、hao123为代表的大型的门户网站。[①]

网络技术发展之迅猛导致人类对于网络服务提供者这一名词的理解也随着时代的变迁而一直在重新建构。在网络技术日新月异的当代,人们对于网络服务提供者这一概念的理解也从最早期的"为用户提供互联网接入服务的经营者",演变至如今信息时代的"能够为用户提供包括互联网接入服务、信息服务和增值服务的综合运营者"。

由于各国的法律条文均没有对网络服务提供商的类别作明确的界定,根据实践经验,可以以实用性差异、技术差异、功能差异和使用差异为标准将ISP分为四类:

(1)接入服务者(Internet Access Provider,简称IAP),是指通过租用电信公司的公用网络,或者自己铺设的专用网络,为某特定范围内的用户提供接入服务,为用户进入互联网进行信息交流提供传输通道的主体。

(2)物理网络运营者(Network Provider,简称NP),是指为用户进入互联网进行信息交流提供网络基础的主体。通常各国的电信公司均为

[①] 张新宝、任鸿雁:《互联网上的侵权责任:〈侵权责任法〉第36条解读》,2010年博鳌法学论坛暨第七届法官与学者对话民商法论坛会议论文集。

物理网络运营者。它们利用自己在国内铺设的电信网络为本国的用户提供互联网接入服务,或者将电信线路出租给其他经营者,再由承租人为用户提供接入服务。

(3) 技术支持服务者 (Internet Presence Provider,简称 IPP),是指随着接入互联网的用户数量的增加专门为用户提供链接、信息搜索工具、网站设计、维护、寄存与管理的主体,是电子公告板自动生成等技术服务的新生代媒介。

(4) 虚拟主机提供者、电子公告板、网络聊天室、网络会议室经营者,是指为在互联网上进行信息交流的用户提供场所服务的媒体,从而令用户可以在虚拟空间上通过上传信息、接收信息,最终实现信息互换的最终目的。[1]

然而以生活领域中网络技术与功能的分类标准来划分法律意义上的网络服务提供者缺乏一定的科学性和严谨性,具体体现在以下三个方面:首先,要在模糊的技术分类基础上对网络服务提供者进一步作出法律意义上的分类是较为困难的。例如依照生活常识,网络服务提供者既可以囊括全部网络服务提供者,又可以特指网通、电信等网络运营服务商。其次,纯粹的网络接入技术服务提供者(电信、网通等)仅为网络信息的流动提供物理通道,对信息并没有实质的控制权。若发生侵权等情况,由于网络接入服务提供者远离损害发生地,法律难以要求其承担实质审查义务。最后,网络内容服务提供者(如新浪网、腾讯网等)理应对自己所编辑的信息中蕴含的瑕疵承担相应的民事责任。按照生活分类,搜索引擎服务提供者(例如百度)与网络平台服务提供者(例如淘宝网)理应属于技术支持服务者,但是它们对信息的推送并非完全基于自身对信息的编辑。因此将它们划分到同一类别中并不利于法律行为的分析。即使以生活中的技术标准对网络服务提供者勉强作出大致的分类,但是在司法实践中,不具有网络技术专业背景的法律从业者在具体识别网络服务提供者类型时亦会遇到困难。同时,法律重点关注的是提供者的行为以及行为的影响,法律对某一主体的分类往往具有理论研

---

[1] 晁晨阳:《搜索引擎服务提供者侵犯著作权侵权责任研究》,硕士学位论文,吉林大学,2007 年。

究和学术探讨的特色。因此，我们还需要以行为的角度为基础进行相关问题的探讨，否则会有本末倒置之嫌疑。概言之，以纯粹生活中网络技术层面的分类标准进行法律视野下网络服务提供者类型的划分是不可行的，我们还需从法律研究的角度对网络服务提供者的定义和范围进行探讨。

（1）现行法律法规中对于"互联网信息服务提供者"的定义

2015年修订通过的《广告法》在第四十五条中新增加了"互联网信息服务提供者"这一概念，但并未对此概念作出明确的定义。除了广告法以外，目前已经生效的所有提及"互联网信息服务提供者"或者"网络信息服务提供者"的法律、法规、部门规章和地方性法规，均未对此作出解释。《暂行办法》同样没有直接对"互联网信息服务提供者"下定义，但该办法第二条第二款规定："本办法所称互联网信息服务，是指通过互联网向上网用户提供信息的服务活动。"第三条进一步规定："互联网信息服务分为经营性和非经营性两类。经营性互联网信息服务，是指通过互联网向上网用户有偿提供信息或者网页制作等服务活动。非经营性互联网信息服务，是指通过互联网向上网用户无偿提供具有公开性、共享性信息的服务活动。"区分经营性和非经营性网络服务提供者固然具有一定的意义，但是，这一分类的理论价值和实务价值都在不断下降。首先，随着自媒体的兴起，网络服务越来越个人化、自主化、平民化，非经营性的网络服务者扮演了越来越重要的角色，在许多法律关系中其地位与经营性的网络服务提供者差别已经没有那么明显了，这就导致区分经营性与非经营性网络服务提供者的意义大大削弱；其次，经营性与非经营性的区分在一些特殊的场合越发难以进行，在网络社会中，人类的生产、生活模式发生了极大变化，"经营"这一概念本身也面临着重新定位的宿命。[1]

征求意见的《未成年人网络保护条例（送审稿）》第三十五条第二款定义了"网络信息服务提供者"，这也是目前唯一可能生效的对这一概念的法律定义，该条规定："本条例所称网络信息服务提供者，是指通过网络向用户提供信息技术、信息服务、信息产品的组织和个人，

---

[1] 皮勇：《论网络服务提供者的管理义务及刑事责任》，《法商研究》2017年第5期。

包括网络平台服务提供者、网络内容及产品服务提供者。"这一条规定不局限于信息内容的提供,也摆脱了对主体经营性和非经营性的区分。随着自媒体的兴起,互联网信息服务提供者也不止是企业等组织,而是包含了自然人。

而学理上对互联网信息服务提供者的定义也无通说,且一般局限于新闻等信息的提供者,比如认为互联网信息服务提供者"主要是从事新闻、出版以及电子公告栏等服务项目的互联网信息服务提供者,包括电子公告服务提供者",① 这一概念稍显过时,不能很好地将有关信息技术的服务纳入其中,也没有考虑到主体的多样性。

(2) 网络服务提供者的定义

作为与"互联网信息服务提供者"相似的概念,网络服务提供者(Internet Service Provider, ISP)出现在《侵权责任法》第三十六条"通知-删除"规则中,条文释义对这一概念进行了讨论:"在本法起草过程中,针对网络服务提供者的具体含义,有不同的认识。有的认为仅指技术服务提供者,包括接入服务、缓存服务、信息存储空间服务以及搜索或者链接服务四种类型;有的认为不包括接入服务和缓存服务这两种类型;有的认为除了上述四种类型,还应当包括内容服务提供者。经研究,目前我国法律、行政法规和司法解释中有关网络主体有多种表述,除'网络服务提供者'外,还有'提供内容服务的网络服务提供者''内容服务提供者''互联网接入服务提供者''互联网信息服务提供者''网站经营者'等。我们认为,'网络服务提供者'一词内涵较广,不仅应当包括技术服务提供者,还应当包括内容服务提供者。"② 因此"互联网信息服务提供者"属于网络服务提供者并无疑问,对网络服务提供者权利义务的规制,同样适用于互联网信息服务提供者。不过,也有观点认为"网络服务提供者"主要是指从事互联网商业服务的企业法人或自然人,而不包含机关法人、事业单位和社团法人等非企业法

---

① 王胜明主编:《中华人民共和国侵权责任法释义》,法律出版社2010年版,第189—190页。

② 孙平、李国炜:《论网络个人信息保护——以网络预约诊疗服务为例》,《法学》2013年第9期。

人，而"互联网信息服务提供者"就是一个纯粹的技术性概念，它既包括企业法人，也包括事业单位、政府机关、军队、社会团体、个人等非企业法人，后者在主体范围上更广。①

（3）总结

综上，《广告法》等法律法规中的"互联网信息服务提供者"，指的是提供互联网信息服务的人，这样的主体同时也属于网络服务提供者。提供的主体包括自然人、企业和其他非企业法人，提供的内容包括信息技术、信息服务和信息产品等。采用肯定式列举的方式，互联网信息服务提供者包括互联网直播服务提供者、即时通信服务工具公众信息服务提供者、互联网搜索服务提供者、移动互联网应用程序信息服务提供者、网络出版服务提供者、短信息服务提供者和其他互联网公共信息服务提供者。②

以上对网络服务提供者的划分仅是理论上的，是笼统而非绝对的。现实中二者并非截然分开，许多的运营商既是网络内容服务提供者也是网络技术服务提供者，如新浪、搜狐、网易等门户网站。

网络内容服务提供者作为信息的提供者，可以直接对网络信息进行筛选、编辑和发布，这与现实中的报纸、杂志等传统媒体无异，其必须对自己筛选、编辑和发布过的信息负责，出现侵权纠纷时，应当承担相应的侵权责任。网络内容服务提供者侵权仅是一种新型的侵权形式，是随着网络的发展而出现的一种法律现象，但并不是一种新的法律问题，除了侵权行为发生的介质不同，其与传统的媒体侵权没有其他的区别。对于网络内容服务提供者的侵权责任可以直接适用传统的民法理论，适用自己责任原则，由内容服务提供者自己对自己的侵权行为承担责任。③

而作为网络技术服务提供者，该类网络提供者不直接接触信息，只是通过技术、设备为网络用户进行信息交流提供中介服务。作为提供中介的第三方，本身并不组织或者编辑其传播的信息，其并非信息网络传播行为的直接作用实施者，但同时却对信息的传播提供了帮助。当网络

---

① 王华伟：《网络服务提供者的刑法责任比较研究》，《环球法律评论》2016年第4期。
② 皮勇：《论网络服务提供者的管理义务及刑事责任》，《法商研究》2017年第5期。
③ 同上。

用户利用其提供的服务实施侵权行为时，其是否应该承担责任，如何承担，承担多少，这一系列问题都有必要明确。

（二）互联网信息服务提供者的主体地位

在说明互联网信息服务提供者的定义以后，下文将讨论这一主体在法律上的地位。

1. 现行法律法规中对于"互联网信息服务提供者主体地位"的描述

2015年《广告法》第二条的第二款到第五款列举了广告主体，规定："本法所称广告主，是指为推销商品或者服务，自行或者委托他人设计、制作、发布广告的自然人、法人或者其他组织。本法所称广告经营者，是指接受委托提供广告设计、制作、代理服务的自然人、法人或者其他组织。本法所称广告发布者，是指为广告主或者广告主委托的广告经营者发布广告的自然人、法人或者其他组织。本法所称广告代言人，是指广告主以外的，在广告中以自己的名义或者形象对商品、服务作推荐、证明的自然人、法人或者其他组织。"相对于旧广告法，新广告法只增加了对广告代言人的规定，而对第四十五条出现的"互联网信息服务提供者"并没有作出明确的定义，但是也不能将互联网信息服务提供者简单地归入到《广告法》第二条所规定的各项主体当中。

2. 主体行为不同导致主体地位不同

互联网信息服务提供者在从事不同的广告行为时有不同的法律地位。互联网信息服务提供者在自己的网站、平台为自己发布广告时同时属于广告主和广告发布者；接受他人委托发布广告时属于广告发布者，另外如果提供了广告设计、制作或代理服务，同时也属于广告经营者。不过，随着互联网的发展，社交平台、直播平台、新闻平台如雨后春笋般地涌现，无论是自然人、法人还是其他组织紧紧抓住平台的商业时机，纷纷在平台上发布广告。广告发布者的互联网信息服务提供者的属性毋庸置疑，平台同样也具备互联网信息服务提供者的属性，但是平台既没有为自己发布广告也没有接受他人委托发布广告，只是为广告发布者发布广告提供了场所。当互联网信息服务提供者只作为广告发布者的平台而非广告发布者时，如何界定它的法律地位和法律责任是值得进一步深入探讨的问题。互联网信息服务提供者作为第三方，为他人提供广告发送、发布的服务，这种服务属于技术服务而非内容服务。广告是由广告主而非平台提供，具体的广告投放是由计算机程序自动完成，与其他网络平台的角色类似，互联网信息服务提供者在整个过程中并没有实质性的参与。① 新《广告法》的立法者在制定法律的过程中已经注意到了这一点，尽管未在法条中进行规定，但通过全国人大常委会法工委对《广告法》第四十五条的解释可以发现，该条款的设计考虑到了互联网信息服务提供者不同于广告发布者主体的地位："公共场所的管理者、电信业务经营者、互联网信息服务提供者本身并不是广告发布者，也不是广告信息的接受者，只是为他人发送、发布广告的活动提供了一个信息传输的场所或者平台，它们的角色属于'第三方平台'。"②

正因如此，与互联网的其他使用者不同，作为网络服务提供者，互联网信息服务提供者属于为各类开放性网络提供信息传播中介服务的主体，与网络用户往往对信息的初始发送、接收、传播内容的接受享有不同程度的控制力不同，互联网信息服务提供者没有直接上传或传播信息或内容，只是起到传播平台的作用，而无实际控制力。③

尽管互联网信息服务提供者对信息的内容没有直接的控制力，却相比监管者有更多的机会和能力对平台上的信息进行调控。网络服务提供者是社会服务提供者，其本来不具有社会管理的权力和义务，但是网络社会的特殊性要求网络服务提供者履行一定的信息网络安全管理义务。④ 法工委在新《广告法》的解读中也认为："客观地讲，广告监管部门对于网络违法广告的监管具有滞后性，而互联网信息服务提供者具有天然的'主场'优势，拥有专业的技术配置及技术人员，可以对其平台进行实时监控，更容易及时发现其平台上的违法广告。因此，为互

---

① 姚志伟：《平台之治：论网络时代的广告法》，《浙江大学学报》（人文社会科学网络版）2017年8月，第4页。
② 全国人大常委会法制工作委员会经济法室编著：《中华人民共和国广告法解读》，中国法制出版社2015年版，第100页。
③ 闫艳：《互联网信息服务提供者传播淫秽物品牟利犯罪故意的司法认定》，《信息网络安全》2010年第3期。
④ 皮勇：《论网络服务提供者的管理义务及刑事责任》，《法商研究》2017年第5期。

联网信息服务提供者设定制止违法广告的义务在客观上是可行的。""因此,除了广告监管部门的尽职执法之外,还需要通过其他积极措施对网络违法广告进行治理,让互联网信息服务提供者去制止其平台上的违法广告正是一项行之有效的措施。"①

3. 总结

综上,互联网信息服务提供者在新《广告法》上区别于广告主、广告发布者和广告经营者,属于一类独立的主体,是广告发布活动的第三方平台。对于信息传播没有直接的控制力,但相比监管者在治理平台上信息内容时更有优势,因此法律也要求互联网信息服务提供者承担一定的治理职责,使其具有了一定公法上的属性。

(三) 互联网信息服务提供者的法律责任

1. 责任承担原则——避风港规则及例外

如前文所述,2005年4月30日,由国家版权局和原信息产业部共同颁发的《互联网著作权行政保护办法》首次提出了互联网信息服务提供者这一概念,该办法第二条规定:"本办法适用于互联网信息服务活动中根据互联网内容提供者的指令,通过互联网自动提供作品、录音录像制品等内容的上载、存储、链接或搜索等功能,且对存储或传输的内容不进行任何编辑、修改或选择的行为。互联网信息服务活动中直接提供互联网内容的行为,适用著作权法。"互联网信息服务提供者作为主体名称贯穿该办法的全文,从网络传播层面对著作权进行了保护。

《侵权责任法》第三十六条将网络服务提供者的侵权责任分为两类,第一类是网络用户或网络服务提供者自己承担责任的情形,即网络服务提供者自己利用网络实施侵权行为时应当自身承担侵权责任。第二类则是连带责任,体现在:当网络用户实施侵权行为时,某些情况下网络服务提供者需要承担连带责任。在2006年11月22日最高人民法院《关于审理涉及计算机网络著作权纠纷案件适用法律若干问题的解释》第四条、第五条、第七条、第八条也对内容服务提供者和网络服务提供

---

① 全国人大常委会法制工作委员会经济法室编著:《中华人民共和国广告法解读》,中国法制出版社2015年版,第101页。

者的责任做了较明确的规定。

2016年4月,北京市高级人民法院发布《涉及网络知识产权案件的审理指南》,《指南》第十一条规定:"侵权责任法第三十六条属于侵权责任构成要件条款。信息网络传播权保护条例第二十条、第二十一条、第二十二条、第二十三条属于网络服务提供者侵权损害赔偿责任免责条款。不符合前述免责条件的,应根据侵权责任法第三十六条判断网络服务提供者是否应当承担损害赔偿责任。"

分析上述条款,可以看出:第一,在我国司法领域,对于网络服务提供者的侵权归责原则仍采过错责任原则,避风港规则不是侵权行为归责要件,而是侵权损害赔偿责任的免责条款;第二,网络服务提供者没有法定的事前主动审查义务,但完全不进行审查又容易被判定为存在过错,对红旗飘扬一般明显的侵权内容需要承担责任。网络服务提供者不是裁判机关,面对广袤的网络世界,要想既及时又准确地移除应当由裁判机关经法定程序判断为侵权的内容,缺乏制度设计上的保障,实在是强其所难。[①] 同时,考虑到作为网络服务提供者之一的搜索引擎服务提供者,由于它的主要业务是有偿或无偿地向网络用户提供信息检索服务,只是告诉用户得到某个作品的途径,并不涉及直接提供任何作品本身,类似于向用户指明所需信息的路径。搜索引擎服务提供者仅充当一个"指路人"的角色,按照用户的选择传输或接受信息,本身并不组织、传播信息。技术检索、链接的网页也具有随机性和被动性,服务商是没有责任和能力去事先辨别的。此外,如大洋中数不清的水滴一样庞杂的数据也是服务商在现阶段的技术下对违法信息无能为力的原因。

在上海某豆网络科技有限公司与上海某网络有限公司侵犯著作财产权纠纷上诉案中,法院认为,对于网络服务商而言,即便面对海量信息,也应当在预见侵权风险的基础上,采取必要的措施以防止侵权行为屡屡发生。如果网络服务商怠于实施合理的预防措施,能为而不为,则有必要认定其具有主观过错。此类观点在网络服务提供者相关案件中较为普遍。由此可见,虽然法条没有正面直接表述,但网络服务提供者是

[①] 冯刚:《涉及搜索引擎的侵犯著作权纠纷研究》,载王振清主编《知识产权法理与判决研究》,法律出版社2005年版,第168页。

被认定负有一定事前审查义务的,而且为了避免在诉讼中被认定存在过错,网络服务提供者通常都会主动设置一些事前的风险防控措施。

2. 不同类型网络服务提供者的广告注意义务

(1) 自媒体平台

自媒体广告的发布涉及广告发布者和互联网信息服务提供者两方主体。以微信公众平台为例,微信公众平台为其注册用户提供信息展示服务,用户通过其注册账号,自行发布文章进行商品或服务的推荐。发布广告的公众号注册人属于广告发布者;微信公众平台实际上并未参与网络广告的经营活动,不属于《暂行办法》规定的广告发布者,应属于互联网信息服务提供者。

《暂行办法》第十七条规定:"未参与互联网广告经营活动,仅为互联网广告提供信息服务的互联网信息服务提供者,对其明知或者应知利用其信息服务发布违法广告的,应当予以制止。"例如微博、微信等自媒体平台上的用户自己发布或者转发他人的广告,平台在明知或者应知其内容违反法律法规规定时,应当予以制止。根据《广告法》第六十四条的规定可知,自媒体平台明知或者应知广告活动违法不予制止的,由工商行政管理部门没收违法所得,违法所得五万元以上的,并处违法所得一倍以上三倍以下的罚款,违法所得不足五万元的,并处一万元以上五万元以下的罚款;情节严重的,由有关部门依法停止相关业务。

虽然自媒体平台作为互联网信息服务提供者不属于广告发布者,但是平台在明知或应知广告活动违法的情况下,应当主动承担注意义务。《暂行办法》中没有对"明知"和"应知"的具体情形进行细化。结合当下自媒体平台的实践来看,以下情况应当属于"明知"和"应知",应当予以制止:第一,经工商部门、食药监管部门依法通知自媒体广告违法的;第二,行业组织或消费者组织收集材料并通报为违法广告的;第三,经过权利人举报,并提供了充分证明的;第四,违法广告已经在网络曝光并产生较大社会影响的;第五,平台对该自媒体广告进行了编辑或者推荐、置顶的。

(2) 电子商务平台经营者

2018年8月31日通过的《中华人民共和国电子商务法》将"电子

商务平台经营者"界定为"为交易双方或者多方提供网络经营场所、交易撮合和信息发布等服务,供交易双方或者多方独立开展交易活动的法人或者非法人组织"。以淘宝平台为例,淘宝平台为申请进入平台内从事商品销售或者服务提供活动的平台内经营者提供网络经营场所、交易撮合和信息发布等技术服务,平台内经营者通过其注册账号,自行发布商品或者服务信息。发布广告的平台内经营者属于广告发布者;淘宝平台实际上并未参与网络广告的经营活动,不属于《暂行办法》规定的广告发布者,应属于互联网信息服务提供者。

《暂行办法》第十七条规定:"未参与互联网广告经营活动,仅为互联网广告提供信息服务的互联网信息服务提供者,对其明知或者应知利用其信息服务发布违法广告的,应当予以制止。"对于如何判断电子商务平台经营者明知或者应知平台内经营者利用其信息发布违法广告的,可参照适用前述针对自媒体平台的判断标准。

(3) 搜索引擎

搜索引擎服务具有特殊性,概括说来,搜索引擎服务具有两大特点:第一,搜索完成的自动性。服务商通过计算机程序在国际互联网上自动检索,搜索到用户所需要信息的位置(即 URL,英文 Uniform Resource Locator 的缩写,即统一资源定位器,它是 www 网页的地址,如 http://www.baidu.com),这一过程是通过计算机程序在互联网上运用一定的技术手段自动完成的,这一特点决定了搜索引擎服务提供者侵权过错认定的特殊性。第二,以提供链接为服务内容。搜索引擎依据用户所提供的关键词,在国际互联网上完成检索后,得到可能符合用户要求的特定信息所在的位置,即该信息的 URL,并将其以链接的形式提供给用户,用户通过浏览器经由链接访问该信息所在的特定计算机或服务站,从而取得所需要的信息。这一特点将搜索引擎服务提供者与网络信息提供者区别开来。[①]

实际上,搜索引擎在产生搜索结果之后,用户点击链接之前,同样会将特定网站网页上的信息存入服务器并提供给用户,用户直接访问该

[①] 晁晨阳:《搜索引擎服务提供者侵犯著作权侵权责任研究》,硕士学位论文,吉林大学,2007年。

搜索引擎服务者的网站即可获得所需要的信息,即使该信息可能并不完整,例如百度公司所提供的自动抓取的"百度快照"。此时,搜索引擎服务提供者不是作为网络服务提供者而存在,而是作为内容提供者而存在。现实中,技术服务提供者与内容提供者的划分并不是泾渭分明的,往往是混在一起,一个经营者可能既作为内容提供者而存在,同时又作为技术服务提供者而存在。因此在分析搜索引擎服务提供者的侵权责任时,对于内容提供者与技术服务提供者概念的界定就变得异常重要。①

"空白搜索框"是一个中立的技术工具。网民可以通过搜索框搜索任何内容,搜索到的内容可能是侵权的,也可能是不侵权的,因此,"空白搜索框"具有"实质性非侵权用途"。如百度 CEO 李彦宏表示:"我想人们已经忘记了搜索引擎和下载网站之间的区别。我们仅仅为用户提供访问链接,而不是内容。"搜索引擎向用户提供链接的做法相当于为用户指路,指出用户所需信息所在的网站,使用户能够沿着链接"这条路"达到目的。至于该信息是否是侵权作品,该网站上载该作品是否得到授权,这已经超出了搜索引擎服务提供者的审查范围。如果要求搜索引擎服务提供者对搜索引擎给出的网站都进行是否有权利的审查,那么一来在技术上不可能实现,二来即使能够实现,在经济上搜索引擎服务提供者也无法负担。②

因此综合考虑,搜索引擎承担实质审查义务的情形如下:第一,如果搜索引擎服务提供者以目录索引的形式提供深层链接,供网络用户查找信息,则应当对特定类型的信息承担实质审查义务。第二,考虑到搜索引擎对网络信息不具备编辑控制能力,对网络信息的合法性没有监控义务,对被搜索到的信息内容是否侵权无法承担审查责任,并根据《关于网络提供者著作权侵权的司法解释》第四条的规定,即"网络服务提供者能够证明其仅提供自动接入、自动传输、信息存储空间、搜索、链接、文件分享技术等网络服务,主张其不构成共同侵权行为的,人民

---

① 晁晨阳:《搜索引擎服务提供者侵犯著作权侵权责任研究》,硕士学位论文,吉林大学,2007 年。
② 王迁:《三论"信息定位服务提供者"间接侵权的认定——兼评"泛亚诉百度案"一审判决》,《知识产权》2009 年第 2 期。

法院应予支持",除对明显违反国家法律法规以及具有较高知名度的商标等关键词应予主动排除外,一般情况下,搜索引擎作为网络服务提供者,对于用户所选择使用的关键词并不负有全面、主动、事先审查的义务。[1]

二 各国网络信息内容管理现状及广告信息审核规则综述

(一)各国网络信息内容管理现状综述

互联网已经改变了社会内容的方式,它允许个人、团体、企业、政府等以相对较低的交易成本向潜在的全球受众传播信息。尽管国家对调节社会内容的流动比较熟悉,但由互联网带来的内容流动的变化却挑战了各个国家对传统内容的监管。国外学者提出以"严格的双轨方式"进行网络信息内容监管:第一条轨道是发展自我监管工具,第二条轨道是国家立法规范网络内容,特别是通过强制机制来保护用户免受任意删除内容和审查。因为网络信息内容已经打破了传统的地域监管、国家审查等监管方式,现在各国主要以双轨制为监管构架,或是以国家监管为主、行业自律监管为辅的制度框架。[2]

在国家监管方面,国家主要通过政府机构、法律法规来实现监管目的。在制定法律法规的过程中,立法者首先明确的是主体责任问题,即在网络信息内容,即网络内容发布过程中,哪些主体的行为应该得到规范?这些主体的监管义务和法律责任又分别是什么?正因如此,互联网信息服务提供者等主体的监管义务和法律责任逐渐成为网络信息监管中的重要问题。在网络时代,技术服务提供者、平台提供者往往是数据信息的控制者,规范网络信息内容的行为并设定相应的义务,可以实现对

---

[1] 石必胜:《网络服务提供者的事前知识产权审查义务》,《电子知识产权》2013年第9期。

[2] Jeanne Pia Mifsud Bonnici. *Self-Regulation In Cyberspace*. Leiden: Leiden University, 2008: 33–42.

网络信息、广告的管理与监督。

国家监管的另一面是网络信息内容的自我监管。自我监管是网络信息管理必不可缺的一个环节。一方面，国家通过法律、法规监管的内容简单地被分为合法和非法两大类，但是对于社会大众来说，不同的社会群体和不同的利益组织对网络信息内容的监管、分流要求是不一致的。例如未成年群体、宗教信仰群体等特殊利益群体对于网络信息内容有不同的定位要求，而这类群体性的规范要求显然是难以通过国家统一监管来实现的。因此，许多社会组织、行业机构自发制定网络信息内容自律规范，对网络信息内容进行自我规制。另一方面，面对日新月异的网络行业，国家的监管具有滞后性，一些网络信息内容的规制问题未能得到法律及时地回应。在国家监管缺位的情况下，社会群体、行业机构希望能够通过自行制定的自律规范来实现对网络信息内容的管理，同时也可以压缩未来公权力介入的空间。

综合来看，网络信息内容管理主要是国家监管与自我规制两种模式。接下来将从国家法律、法规监管与网络自我规制三个方面分别说明各国网络信息内容管理现状。

（二）各国网络信息内容监管

国内外的网络服务提供者都应承担立法规定的管理义务，而非仅承担中立义务，它们"不再是纯粹的商业活动经营者，因而在法律上都兼具网络服务提供者与网络安全管理者双重主体形象"。从社会地位和作用看，网络服务提供者是网络社会生态环境的主要创建者、网络活动规则的主要制定者，有责任向社会提供便捷和安全的产品，当前"重便捷、轻安全、缺信用"的网络服务状况是网络违法犯罪形势严峻的根本原因。因此，国内外都倾向于为互联网信息服务提供者设定义务。

1. 欧盟

关于网络信息内容管理，欧盟各国在同一立法之下也有针对性的立法。因此，在欧盟的网络信息管理中，共同规则与特殊监管规则共同存在。

从共同规则来看，2000年《欧盟电子商务指令》规定了信息社会服务提供者的义务：（1）一般性非监管义务和特殊情况下法律或命令规定的监督义务；（2）知晓非法活动后迅速删除信息义务；（3）对非法信息活动的注意义务。该指令还对提供"纯粹传输""缓存""存储"服务的3类中间服务提供者规定了共同免责条件，并排除普通监督义务。缓存、存储服务提供者在知晓非法活动后，必须迅速移除或者阻止他人访问涉及的信息才能免责。以上免责规定"不应影响法院或者行政机关根据成员国的法律制度，要求服务提供者终止或者预防侵权行为的可能性"，也不适用于"服务提供者故意与服务接受者合作实施超越'纯粹传输服务'或'缓存'活动的非法行为"[1]。

欧盟通过规定互联网信息服务提供者的义务来实现对网络信息内容的管理。义务主要分为协助执法义务与监管义务，前者是互联网信息服务提供者配合政府相关监管部门的执法行为义务，后者是互联网信息服务提供者基于互联网信息服务提供行为而产生的监管义务。其中协助执法义务包括协助监视义务、数据留存义务以及附随的提供所持有的数据、报告违法信息和活动、提供技术协助、保密等义务。随着网络通信的发展，义务承担者逐渐由公共电信服务提供者扩展到提供公共通信服务的网络服务提供者。协助执法义务既见于外国的刑事立法中，又见于国际组织的重要立法中。协助执法义务中最重要的是协助通信监视义务与数据留存义务。

协助通信监视义务，是指网络服务提供者依照法律的规定和调查机关的要求，利用通信技术主动对被监控对象的通信数据与通信内容进行实时获取和记录，代表性的立法有《欧盟理事会关于合法拦截通信的决议》《欧洲理事会关于网络犯罪公约》（以下简称《关于网络犯罪公约》）、德国2004年《电信法》和《电信监控法令》等。以上立法因增加了网络服务提供者的经营成本、影响了其运营和发展、侵犯了公众隐私权、削弱了经营者与客户的信任关系而广受批评。对此欧盟立法主要采用两种方法弥补：一种是限制协助监控要求，避免强制网络服务提供者过度投入，如《关于网络犯罪公约》第二十条、第二十一条规定的协助限于"服务提供商在其技术能力范围内"；另一种是提供协助监

---

[1] 皮勇：《论网络服务提供者的管理义务及刑事责任》，《法商研究》2017年第5期。

控的费用或者补偿，如德国 2004 年《电信法》的相关规定①。

数据留存义务，是指网络服务提供者采取一定的技术手段保存用户使用通信网络所产生的通信数据，在有关部门调查刑事犯罪、恐怖活动等时予以提供。例如，在欧洲，根据 2006 年《欧洲议会和欧盟理事会关于存留因提供公用电子通信服务或者公共通信网络而产生或处理的数据及修订第 2002/58/EC 指令的第 2006/24/EC 指令》，德国于 2008 年对多部法律进行了修改，要求德国公用电信和公共通信网络服务提供者承担存储数据、保护数据安全的数据留存义务。但是，前述指令和立法遭到广泛的批评和反对，2010 年德国联邦宪法法院以侵犯通信秘密及违反比例原则为由判决关于数据留存的法律违宪，2014 年欧洲法院判定前述指令无效。德国于 2015 年通过的《通信数据的存储义务与最高存储期限引入法》，对网络服务提供者的数据留存义务作了若干限制，包括限制存储的数据类型、存储期限、政府机关使用数据的范围等②。

除了以上互联网信息服务提供者应当承担的协助义务外，为了实现对信息网络空间内海量的违法内容信息的监控，弥补执法部门监控覆盖率与效率的问题，欧盟还立法规定了网络服务提供者承担内容信息监管义务。

德国 1997 年《电信服务法》规定，服务提供者对自己提供的内容信息应承担责任，同时，要求其承担一般法律要求的封锁他人提供的违法内容信息的义务，但是，同时满足"知晓内容""技术上有可能阻止""阻止不超过其承受能力" 3 个条件的，免除其法律责任。仅"提供（违法内容信息）利用途径"或者"自动缓存（违法内容信息）"的服务提供者不承担监管义务。在前述《欧盟电子商务指令》、《欧洲议会和欧盟理事会关于存留因提供公用电子通信服务或者公共通信网络而产生或处理的数据及修订第 2002/58/EC 指令的第 2006/24/EC 指令》生效后，德国 2007 年《电信媒体法》坚持了前述两部法律文件的立场并规定：对自己提供的信息依照一般法律承担责任；提供"作为信息的传输通道""为加速信息的传输的临时存储""信息存储" 3 种中间网

---

① 皮勇：《论网络服务提供者的管理义务及刑事责任》，《法商研究》2017 年第 5 期。
② 同上。

络服务的服务提供者同时满足前述3个条件的,免除其对他人提供的违法信息承担法律责任;所有服务提供者都必须承担法律规定的移除或者阻拦对违法信息访问的义务①。

除了以上对信息服务提供者设定义务之外,政府也会自行建立数据库来对网络信息内容进行监管。英国采取的方式主要是利用技术手段建立强大的数据库。英国施行的现代拦截计划是一个系统工程,即将网络交流信息存储至中央数据库,从而达到监控的目的。为此,英国政府建成了巨大的中央数据库,收集网民的聊天记录和浏览网页的习惯,但这不是对具体内容的监控,而是对邮件所发地址、网民上网地址等方面的监控。同时,英国还通过法律手段,让网络企业存储相关数据并对这些数据进行监管,明确规定政府有权获取这些数据信息。强大的中央数据库给英国的网络管理带来了极大的方便。②

2. 美国

在美国,互联网被视为广告传播媒介的一种,因此在法律制度设计和具体治理等方面并不具有明显的特殊性。传统广告的立法、治理主体和机制在网络环境下继续发挥着主导作用。但是在网络广告的新背景下,互联网信息服务提供者对于网络广告的数据监控能力与审查能力显然高于政府监管部门,因此美国政府也规定了互联网信息服务提供者的法律义务。美国对于互联网信息服务提供者的义务规定与欧盟的规定具有很大的相似性,主要也是从协助执法义务与监管义务两方面来规定。

在协助执法义务方面,美国的立法以1994年《通信协助执法法》与《美国法典》为代表。《美国法典》第二千七百零三条规定了按要求披露用户通信或者记录,第二千七百零四条规定了数据保护备份。但是以上立法对于信息服务提供者的监管义务课责过重,导致信息服务提供者被称为公权力监督公民私生活的工具,严重影响了网络服务提供者的运营现状,侵犯了公民隐私,因此,美国也在寻求对该种措施的补救。

---

① 李安渝、朱峻萱:《互联网广告规制国内外比较研究》,《中国工商管理研究》2015年第4期。

② 张培胜:《借鉴他国经验 实施有效监管——英国互联网广告监管带来的启示》,《中国工商报》2016年10月11日,第5版。

美国 1994 年《通信协助执法法》第一百零九条规定了政府应当提供协助监管的费用或者补偿，但并没有对协助执法的范围进行限定。

作为商业言论，网络广告受到美国宪法第一修正案的保护，相应的，政府立法和监管受到限制。网络广告不再受地域限制，根据美国宪法中的"州际贸易"条款，以美国联邦贸易委员会为代表的行政机关是负责网络广告监管的最主要主体。美国的广告监管属于典型的"综合+行业"监管模式。联邦贸易委员会是美国广告治理中的综合性监管机关，处于最首要的地位，行使一般管辖权。联邦通信委员会、食品药品监督管理局等其他部门在各自领域内，也积极履行广告治理职责。一方面，不同部门的监管职责划分比较清晰，各自的治理目标和重点也比较明确；另一方面，对于存在职能交叉的情形，如联邦贸易委员会和食品药品监督管理局在药品监管方面，能够及时通过制度化机制解决。

在对互联网信息服务提供者设定义务之外，美国的网络信息治理手段呈现多元化。以网络违法广告为例，对于违法的网络广告，行政处罚只是美国监管部门众多治理手段中的一种。美国监管部门重视行政处罚，但显然并不依赖这一手段。例如联邦贸易委员会可选择的监管措施种类非常丰富，包括发出非正式意见、发布正式建议、出台产业合规指南、制定规则；同意相对人自愿合规、与相对人签署和解协议、要求相对人发布更正性广告、指令相对人证实宣传内容；发布广告终止命令、受诉命令和向法院申请禁令等。除此之外，还包括对违法广告调查活动的披露或对涉嫌违法广告事实的曝光，这会对相对人产生直接的压力。如果相对人是上市企业，因披露或曝光所造成的经济损失可能会比接受罚金还要严重。而且，披露或曝光并不需要经过漫长的完整法律程序，产生的威慑效果也会非常及时。联邦贸易委员会在实践中往往优先考虑采取这种特殊的监管措施。很多情况下，违法广告一旦披露或曝光，相对人都会积极地寻求后续的和解、自愿合规等措施，力求降低所受到的损失。因此，联邦贸易委员会通常会综合利用各种可行的监管措施，去实现网络广告治理的目标。

3. 中国

中国国家市场监督管理总局是规制中国广告产业最重要的综合部

门,其他特定行业广告的规制机构对相关行业发布的广告仅有审查批准权,没有查处违法广告的权力。新广告法增加了对网络等新媒体广告活动的规范,利用网络从事广告活动适用广告法的各项规定。但是,由于网络广告本身数量庞大,政府很难通过传统方式规范发布行为以及约束网络广告发布者,广告监管部门单纯按照法律条款对网络广告进行逐一审查的模式已不具有可能性。由中国广告协会互动网络分会主持,多家网络企业、广告公司、广告主、第三方数据机构共同参与研制并完成的《中国移动互联网广告标准》已开始实施,此标准为提高用户信息安全和网络广告监管统一了接入通道[①]。

(三) 网络信息内容自我监管现状

1. 美国

商业促进局 (Better Business Bureaus, 简称 BBB), 是独立于政府之外的行业自律组织。该组织经常与司法机构合作,对广告主提起企业虚假和不实表现进行调解及诉讼。美国自律协会 BBB 是一个成熟的广告业自律组织,它能够提供的服务包括企业信息查询、信用评级、纠纷处理、资质认证、社会评价、广告监管等内容[②]。该局的上级机关是商业促进局委员会 (CBBB),其职责之一是协助新行业制定有关广告伦理和责任的标准。《商业促进局广告准则》(Code of Advertising) 被视为广告业中最主要的自律条文。

美国网络广告的自律治理包括行业自律监管和平台企业的自我治理两部分。行业自律监管的直接约束力虽然有限,但是行业发布的监管建议可以对企业施加舆论压力,此外,将案件移送至联邦贸易委员会或其他监管部门也会得到优先处理。行业自律组织在网络广告治理实践中发挥了重要的作用,尤其是面对各种网络广告新业态,政府的审慎监管难免会带来治

[①] 李安渝、朱峻萱:《互联网广告规制国内外比较研究》,《中国工商管理研究》2015 年第 4 期。

[②] BBB 是目前最有影响力的非政府组织机构之一。BBB 提供消费者与企业间纠纷的替代性争议解决服务,通常采用调解、调停或仲裁的方式解决案件。本地 BBB 组织每年要处理几十万个案件。Council of Better Business Bureaus, http://www.bbb.org/council/about/council-of-better-business-bureaus/, 最后访问时间: 2018 年 9 月 25 日。

理的滞后性，而且政府与产业实践距离较远，在把握创新、出台政策的精准性上也有劣势。相反，美国广告自律监管事会等行业自律组织可以发挥灵活、动态、柔性监管的优势，填补网络广告新业态治理的空白。但是，行业自律组织仍然是网络广告平台的外部治理主体。随着平台经济的不断成熟，平台企业作为网络广告平台生态的内部治理主体，所发挥的作用更加突出。Google 等网络广告平台企业可以利用公权力难以直接拥有的技术、平台和信息资源，通过平台规则规范每年数以十亿计的网络广告，实现平台上网络广告活动相对有效地自我治理。

结合网络广告的特点，美国立法机关和行政机关除了拓展适用既有立法，也适时进行专门立法和及时进行行政指导。美国广告自律监管事会等行业组织的自律监管和 Google 等网络平台企业的自我治理，在网络广告治理中发挥着重要作用。美国网络广告的法律治理呈现出事后审慎监管、部门分工协作、治理手段多元、自律治理有效、平台责任规则科学等特点，推动了美国网络广告持续快速稳定地发展。

自律计划包括七项原则。这些原则如下所述，与联邦贸易委员会在 2009 年 2 月提出的"在线行为广告自律原则"相一致[1]，也涉及委员会提出的公共教育和行业问责制问题。自律计划中的七个原则主要包括：教育原则[2]、透明度原则[3]、消费者控制原则[4]、数据安全原则[5]、实质

---

[1] 李安渝、朱峻萱：《互联网广告规制国内外比较研究》，《中国工商管理研究》2015 年第 4 期。

[2] "教育原则"要求实体参与教育消费者和企业关于在线行为广告的努力。预计将会有一个强大的行业开发网站向消费者提供有关在线行为广告的教育材料。此外，这将导致众多的在线影响教育公众如何在线行为广告的作品，并为消费者提供的选择。

[3] "透明度原则"要求部署多种机制，以清楚地向消费者披露和通知与在线行为广告相关的数据收集和使用实践。此原则适用于收集和使用在线行为广告数据的实体以及由第三方收集和使用此类数据的网站。遵守这一原则将导致在网页或广告上发生在线行为广告的新链接和披露。

[4] "消费者控制原则"提供了一些机制，使网站用户能够在线收集数据以进行在线行为广告选择数据是否被收集，使用或转移到非关联方为此目的。收集和使用在线行为广告数据的第三方实体将提供这种选择，该机制可在其自己的网站或行业开发的网站上找到。网页或广告上的新链接和披露将引导消费者使用这些机制。

[5] "数据安全原则"要求实体为在线行为广告目的收集和使用的数据提供合理的安全保护和有限的保留。

变更原则①、敏感数据原则②、问责原则③。

2. 英国

英国还成立了独具特色的行业性组织——互联网监管基金会，由来自网络行业人士组成的董事会进行管理，主要工作是处理各种不良信息报告，网络用户如果发现违法违规的网络广告，或是不良内容，可以登录该基金会的网站进行报告和投诉，基金会随之进行调查和评估，并根据情况将问题移交执法机构处理。④

英国网络观察基金会，是由政府牵头成立的网络行业自律组织。其工作是处理各种不良信息报告，如发现不良内容，网络用户可在网站进行报告和投诉，基金会随之进行调查和评估。如果信息被认定非法，基金会则会通知相应网络服务提供商将非法内容从服务器上删除，并根据情况将问题移交执法机构处理。⑤英国广告法律、法规大量分散在各个部门法当中，目前已有四十多部法律、法规涉及对各类广告活动的规制和管理。具有操作性的行业准则是英国广告法律、法规的重要组成部分。⑥

3. 日本

日本十分注重对广告业的自主规制，形成了多家自律性组织，包括日本广告业协会（JAAA）、日本广告审查机构（JARO）、日本公共广告机构（AC）等。以上机构都致力于树立广告业在公众心目中的积极正

---

① "实质变更原则"指导实体在对其在线行为广告数据收集和使用政策进行任何更改之前取得了同意，这些政策对这些实质变更之前收集的数据的限制较少。

② "敏感数据原则"认识到，收集和用于在线行为广告目的的某些数据有不同的待遇。该原则通过采用《儿童在线隐私权保护法》中规定的保护措施来加强对儿童数据的保护。同样，这一原则要求同意收集金融账号，社会安全号码，药物处方或关于特定个人的医疗记录以用于在线行为广告目的。

③ "问责原则"要求建立机制，使得监管部门可以从事在线行为广告，监管部门在线协助规则实施，并且向有关政府机构公开报告未经更正的违规行为。

④ 张培胜：《借鉴他国经验 实施有效监管——英国互联网广告监管带来的启示》，《中国工商报》2016年10月11日，第5版。

⑤ 同上。

⑥ 李安渝、朱峻萱：《互联网广告规制国内外比较研究》，《中国工商管理研究》2015年第4期。

面形象，保障自由竞争，提升商业道德，减少政府对其立法。日本对于网络广告的监管充分表现在立法的完善上。如果广告信息发送者通过网站发送违法和不良的广告信息，登载该广告信息的网站也需承担连带民事法律责任，网站有义务对违法和不良信息进行把关。①

（四）各国广告信息审核规则综述

网络广告是发展初期的一种广告形式。纵观各国的网络广告监管制度，除了上述的信息内容监管制度之外，还包括广告信息审核规则，以下将对其进行总结归纳。

1. 中国

根据《广告法》规定，工商行政管理部门作为广告的审查监督机关，对广告进行审查。但是《广告法》第四十六条规定，法律法规规定的特殊行业内的广告须以审查为发布条件，其他行业则是通过事后的处罚进行监管。广告行为规范则由国务院工商行政管理部门会同相关部门制定。我国的工商行政部门负责违法广告的处罚，但是法律法规并未规定网络广告的事前审查程序。

2. 美国

在美国，所有广告监管的法律法规对各种媒体广告拥有同等约束力，并不因为广告媒介形式不同而有所差别。这也就意味着网络广告同样受到美国既有广告法律法规的限制，管理广告的主要传统机构联邦贸易委员会、联邦通信委员会和美国食品药品监督管理局也对网络广告拥有管辖权。② 除了既有的广告法律法规对网络广告进行规制外，美国国会针对网络广告出台了《电子信箱保护法》等一系列专门性法规。另外，美国各州也根据自身实际情况强化对网络广告的监管，如 2015 年佛罗里达州就颁布了《佛罗里达州免费赠品广告法》，对发布传统赠品

---

① 李安渝、朱峻萱：《互联网广告规制国内外比较研究》，《中国工商管理研究》2015 年第 4 期。

② 许国刚：《美国互联网广告监管体系对我国的启示》，《中国工商报》2017 年 7 月 18 日，第 5 版。

广告和网络赠品广告作出更为细致的规定①。

美国联邦贸易委员会（FTC）所确认的比较广告合法判断标准集中体现在两点：（1）真实性；（2）非欺骗性。也有学者将其解读为不具有混淆性或误导性，即不引人误解。FTC 认为，比较广告如果出现以下情况，则具有欺骗性：（1）该比较广告包含了对于某个产品的表述、省略或做法，而它们可能误导消费者在这种情形下本应理智的消费行为；（2）该表述、省略或做法，很可能影响消费者对某项产品或服务的购买行为或购买决策；（3）广告主在发布某个广告时，并没有具备让人相信广告中任何陈述均为属实的合理基础或实证②。

三 互联网信息服务提供者在网络广告领域的法律责任辨析

目前，我国有关互联网信息服务提供者在网络广告领域的法律责任的法律依据主要是《广告法》第四十五条和《互联网广告管理暂行办法》第十七条。

《广告法》第四十五条规定："公共场所的管理者或者电信业务经营者、互联网信息服务提供者对其明知或者应知的利用其场所或者信息传输、发布平台发送、发布违法广告的，应当予以制止。"

《互联网广告管理暂行办法》第十七条规定："未参与互联网广告经营活动，仅为互联网广告提供信息服务的互联网信息服务提供者，对其明知或者应知利用其信息服务发布违法广告的，应当予以制止。"

通过对比这两个条文可以看到，《互联网广告管理暂行办法》第十七条将《广告法》第四十五条中的公共场所管理者、电信业务经营者等其他主体删去，专门针对互联网信息服务提供者这一主体进行规制，基本上完全沿用了《广告法》第四十五条对互联网信息服务提供者法律责任的表述，要求互联网信息服务提供者"制止"利用其信息服务

---

① 《聚焦互联网广告监管：美国互联网广告监管体系对我国的启示》，http://www.saic.gov.cn/ggs/jyjl/201707/t20170718_267688.html，最后访问时间：2018 年 9 月 25 日。

② 郭骞：《比较广告的法律问题研究》，硕士学位论文，中国政法大学，2016 年。

发布违法广告的行为。而这一制止义务的条件，也沿用了《广告法》第四十五条"明知或者应知"的标准。

虽然《广告法》第四十五条和《互联网广告管理暂行办法》第十七条为互联网信息服务提供者在网络广告领域应承担何种法律责任进行了规定，但是如何理解这一规定，如何明确互联网信息服务提供者的法律责任，这两个条文无法给出明确的答案，需要我们进行进一步的法律分析。

1. 互联网信息服务提供者的身份辨析

如本书前述，《广告法》中的互联网信息服务提供者区别于广告主、广告发布者和广告经营者，属于一类独立的主体，是广告发布活动的第三方平台，对于信息传播没有直接的控制力，但相比监管者在治理平台上的信息内容时更有优势。因此，法律要求互联网信息服务提供者承担一定的治理职责，使其具有了一定的公法属性。

互联网信息服务提供者的身份看似明确，但在实践中往往难以识别。在实践中，困扰执法人员的主要问题是如何区分互联网信息服务提供者与网络广告发布者、广告经营者，而正确识别互联网信息服务提供者的身份具有十分重要的意义。第一：互联网信息服务提供者与网络广告发布者、广告经营者承担的法律义务和法律责任具有显著的差别。

第二：准确界定网络广告活动的主体也是确定行政管辖的依据，明确互联网信息服务提供者在网络广告中的主体身份是明确行政管辖的前提。

在互联网信息服务提供者的身份认定问题上，有观点认为，如果互联网信息服务提供者向广告主收取了费用，那么该互联网信息服务提供者就是网络广告发布者。但是，互联网信息服务的多样性、创新性和富于变化性的特征决定了这种观点是无法正确区别互联网信息服务提供者与网络广告发布者、广告经营者的。

在分析互联网信息服务提供者是否是网络广告发布者、广告经营者时，应当通过以下步骤进行：

其一，应当审查互联网信息服务提供者是否同广告主、广告经营者等主体建立了网络广告经营合同关系，并通过广告收取费用。如果互联网信息服务提供者没有与其他主体建立网络广告经营合同关系，也没有收取费用，那么就不可能成为广告发布者、广告经营者。

其二，如果互联网信息服务提供者确实收取了广告主或其他主体的费用，但不明确是否参与了网络广告经营，此时也不能直接认定互联网信息服务提供者就是广告发布者、广告经营者，还需要判断互联网信息服务提供者收取的费用是否为广告费。根据《互联网信息服务管理规定》，互联网信息服务是指通过互联网向上网用户提供信息的经营性和非经营性服务活动。经营性信息服务是指通过互联网向网络用户有偿提供信息或者网页制作的服务活动。非经营性互联网信息服务是通过互联网向网络用户无偿提供公开的、共享的信息的服务活动。值得注意的是，经营性"有偿服务"与广告活动不同。经营性"有偿服务"可能是向用户提供信息技术服务、收费会员服务、增值服务等服务，收取的费用不一定是广告费。例如，自2012年起，新浪为其微博会员提供身份、功能、手机及安全四类增值服务，开通会员后关注对象的上限可以突破2000人，会员可以在微博平台各个推荐展示列表中得到优先推荐，还可以享受VIP专属标识、专属个人页面模板和等级加速及语音微博等服务，但这种收费活动并不是广告活动。因此，只要互联网信息服务提供者收取的不是广告费，就不能认定为广告发布者。[①]

2. 互联网信息服务提供者的法律责任辨析

（1）作为行政法上义务的互联网信息服务提供者的网络广告法律责任

审视《广告法》第四十五条的规定，可以发现，该条文将互联网信息服务提供者与公共场所管理者、电信业务经营者并列，都视为"第三方平台"，从而赋予不同于广告经营者、发布者的法律义务和法律责任，即"对其明知或者应知的利用其场所或者信息传输、发布平台发送、发布违法广告的，应当予以制止"。而《暂行办法》第十七条依据这一条文，对网络广告领域中的互联网信息服务提供者的法律责任进行了重申，同样要求互联网信息服务提供者"对其明知或者应知利用其信息服务发布违法广告的，应当予以制止"。

关于这一法律义务的性质，不难看出，该义务是一个行政法上的义务。《广告法》兼具公、私法的双重属性，属于经济法的范畴。《广告法》

[①] 杨乐：《互联网广告主体及法律责任辨析》，《行政管理改革》2017年第4期。

第六十四条规定:"违反本法第四十五条规定,公共场所的管理者和电信业务经营者、互联网信息服务提供者,明知或者应知广告活动违法不予制止的,由工商行政管理部门没收违法所得,违法所得五万元以上的,并处违法所得一倍以上三倍以下的罚款,违法所得不足五万元的,并处一万元以上五万元以下的罚款;情节严重的,由有关部门依法停止相关业务。"由此可以看出,《广告法》第四十五条是一个公法性质的条款,违反该条款导致的法律责任是典型的行政法责任,即行政处罚。

(2)作为第三方义务的互联网信息服务提供者的网络广告法律责任

除了作为行政法责任的属性之外,新《广告法》第四十五条的义务还是一个第三方义务。第三方义务指的是"政府指定的私人主体既不是所监督行为的主要实施者,也不是违法行为的受益者,但其承担着必须将私人信息提供给行政机关或者由其本身采取阻止性措施防止有害行为发生(如拒绝提供服务或者货物、拒绝录用或者直接解雇)的义务"。[①]有学者认为,承担第三方义务的私人主体,实际上是按照政府的要求扮演"守门人"的角色,对违法行为进行规制。在《广告法》中,这个第三方义务表现为互联网信息服务提供者作为第三方要承担"守门人"的角色,在其"明知或应知"的情况下,履行制止违法广告的义务。

互联网信息服务提供者承担这种行政法上的第三方义务的模式由来已久,最早可追溯至1997年公安部发布的《计算机信息网络国际联网安全保护管理办法》的第十条,该条文规定:"互联单位、接入单位及使用计算机信息网络国际联网的法人和其他组织应当履行下列安全保护职责:(一)负责本网络的安全保护管理工作,建立健全安全保护管理制度;(二)落实安全保护技术措施,保障本网络的运行安全和信息安全;(三)负责对本网络用户的安全教育和培训;(四)对委托发布信息的单位和个人进行登记,并对所提供的信息内容按照本办法第五条进行审核;(五)建立计算机信息网络电子公告系统的用户登记和信息管理制度;(六)发现有本办法第四条、第五条、第六条、第七条所列情形之一的,应当保留有关原始记录,并在二十四小时内向当地公安机关报告;(七)按照国家有关规定,删除本网络中含有本办法第五条内容的地址、

---

① 高秦伟:《论行政法上的第三方义务》,《华东政法大学学报》2014年第1期。

目录或者关闭服务器。"但是当前互联网信息服务提供者的第三方义务模式与该办法所设定的模式已经存在较大的区别。如今更具有参考价值的相关规定可以追溯至 2000 年颁布的《互联网信息服务管理办法》①。《互联网信息服务管理办法》第十五条规定："互联网信息服务提供者不得制作、复制、发布、传播含有下列内容的信息：（一）反对宪法所确定的基本原则的；（二）危害国家安全，泄露国家秘密，颠覆国家政权，破坏国家统一的；（三）损害国家荣誉和利益的；（四）煽动民族仇恨、民族歧视，破坏民族团结的；（五）破坏国家宗教政策，宣扬邪教和封建迷信的；（六）散布谣言，扰乱社会秩序，破坏社会稳定的；（七）散布淫秽、色情、赌博、暴力、凶杀、恐怖或者教唆犯罪的；（八）侮辱或者诽谤他人，侵害他人合法权益的；（九）含有法律、行政法规禁止的其他内容的。"第十六条规定："互联网信息服务提供者发现其网站传输的信息明显属于本办法第十五条所列内容之一的，应当立即停止传输，保存有关记录，并向国家有关机关报告。"2001 年，原信息产业部发布了《关于进一步做好互联网信息服务电子公告服务审批管理工作的通知》，该通知第一条第二款规定："版主负责监管该栏目的信息内容，除采取必要的技术手段外，应对登载的信息负有人工过滤、筛选和监控的责任。一旦发现 BBS 的栏目中有违规内容，有关主管部门将追究网站和该栏目版主的责任并予以处理。"由此可知，在 21 世纪初，上述两条关于互联网信息服务和 BBS 管理的有关规定就已经对互联网信息服务提供者施加了行政法上的第三方义务。

随着网络产业的发展，随后制定的一系列网络监管相关法律、法规和规章也沿用了此类行政法上的第三方义务。如最新的典型案例是 2017 年开始施行的《中华人民共和国网络安全法》。该法第四十七条规定："网络运营者应当加强对其用户发布的信息的管理，发现法律、行政法规禁止发布或者传输的信息的，应当立即停止传输该信息，采取消除等处置措施，防止信息扩散，保存有关记录，并向有关主管部门报告。"第四十八条规定："任何个人和组织发送的电子信息、提供的应

---

① 《互联网信息服务管理办法》已于 2011 年修订，但为此处研究第三方义务模式发展之目的，引用条文均以 2000 年颁布的《互联网信息服务管理办法》文本为准。

用软件，不得设置恶意程序，不得含有法律、行政法规禁止发布或者传输的信息。电子信息发送服务提供者和应用软件下载服务提供者，应当履行安全管理义务，知道其用户有前款规定行为的，应当停止提供服务，采取消除等处置措施，保存有关记录，并向有关主管部门报告。"与此相呼应，《网络安全法》第六十八条规定了上述违法行为的法律责任，即"网络运营者违反本法第四十七条规定，对法律、行政法规禁止发布或者传输的信息未停止传输、采取消除等处置措施、保存有关记录的，由有关主管部门责令改正，给予警告，没收违法所得；拒不改正或者情节严重的，处10万元以上50万元以下罚款，并可以责令暂停相关业务、停业整顿、关闭网站、吊销相关业务许可证或者吊销营业执照，对直接负责的主管人员和其他直接责任人员处1万元以上10万元以下罚款。电子信息发送服务提供者、应用软件下载服务提供者，不履行本法第四十八条第二款规定的安全管理义务的，依照前款规定处罚。"上述条文都是关于网络运营者（互联网信息服务提供者在《网络安全法》中的对应主体）行政法上第三方义务的明确规定。

《网络交易管理办法》第二十六条规定："第三方交易平台经营者应当对通过平台销售商品或者提供服务的经营者及其发布的商品和服务信息建立检查监控制度，发现有违反工商行政管理法律、法规、规章的行为的，应当向平台经营者所在地工商行政管理部门报告，并及时采取措施制止，必要时可以停止对其提供第三方交易平台服务。工商行政管理部门发现平台内有违反工商行政管理法律、法规、规章的行为，依法要求第三方交易平台经营者采取措施制止的，第三方交易平台经营者应当予以配合。"这是对在电子商务交易领域与互联网信息服务提供者具有相似属性的主体——第三方交易平台的第三方义务的规定。除此之外，规定互联网信息服务提供者的行政法上第三方义务的条文还有《食品安全法》第六十二条[①]、《网络食品安全违法行为

[①] 《食品安全法》第六十二条规定："网络食品交易第三方平台提供者应当对入网食品经营者进行实名登记，明确其食品安全管理责任；依法应当取得许可证的，还应当审查其许可证。网络食品交易第三方平台提供者发现入网食品经营者有违反本法规定行为的，应当及时制止并立即报告所在地县级人民政府食品药品监督管理部门；发现严重违法行为的，应当立即停止提供网络交易平台服务。"

查处办法》第十条①和第十四条②以及《互联网危险物品信息发布管理规定》第十二条③等。

（3）互联网信息服务提供者的网络广告第三方义务的内涵

《广告法》和《互联网广告管理暂行办法》对互联网信息服务提供者在网络广告经营活动中的法律责任的规定较为简单，且表述基本一致。根据构成要件——法律效果的结构来加以分析，可以明确得知互联网信息服务提供者在满足"明知或者应知他人利用其信息服务发布违法广告"这一构成要件时，会产生"应当予以制止"的法律效果。这一结构并不难理解，但是对于"明知或者应知"，尤其是对"应知"这一表述的理解，往往存在争议。其中一个主要的争议点是："应知"是否意味着网络服务提供者应当负有审查义务或注意义务。具体到网络广告领域的《广告法》和《互联网广告管理暂行办法》中，就是互联网信息服务提供者是否负有对网络广告的内容承担审查义务或注意义务。

杨立新认为，"网络服务提供者对利用网络实施侵权行为负有应知的义务，就会要求其负担对网络行为负有事先审查义务。"④ 而张新宝认为，"以'应知'作为判断标准，则令网络服务提供者负有相当的注意义务。"⑤ 上述两种观点是从《侵权责任法》第三十六条中的"知道"与"明知"的辨析角度出发的，认为"应知"意味着网络服务提供者

---

① 《网络食品安全违法行为查处办法》第十条规定："网络食品交易第三方平台提供者应当建立入网食品生产经营者审查登记、食品安全自查、食品安全违法行为制止及报告、严重违法行为平台服务停止、食品安全投诉举报处理等制度，并在网络平台上公开。"

② 《网络食品安全违法行为查处办法》第十四条规定："网络食品交易第三方平台提供者应当设置专门的网络食品安全管理机构或者指定专职食品安全管理人员，对平台上的食品经营行为及信息进行检查。网络食品交易第三方平台提供者发现存在食品安全违法行为的，应当及时制止，并向所在地县级食品药品监督管理部门报告。"

③ 《互联网危险物品信息发布管理规定》第十二条规定："网络服务提供者应当加强对接入网站及用户发布信息的管理，定期对发布信息进行巡查，对法律、法规和本规定禁止发布或者传输的危险物品信息，应当立即停止传输，采取消除等处置措施，保存有关记录，并向公安机关等主管部门报告。"

④ 杨立新：《〈侵权责任法〉规定的网络侵权责任的理解与解释》，《国家检察官学院学报》2010年第2期。

⑤ 张新宝、任鸿雁：《互联网上的侵权责任：〈侵权责任法〉第三十六条解读》，《中国人民大学学报》2010年第4期。

应负有审查义务或注意义务,而这些义务对于网络服务提供者来说过于严苛,所以"知道"不包含"应知"。

尽管有上述两位重量级学者的观点支持,但实务界仍然倾向于"'知道'应当包含'应知'"的观点。对此有学者认为该观点已经成为立法和司法实务界的主流观点。陈锦川认为"应知"指向的"特定的信息,前提是侵权事实非常明显","应知"并不意味着网络服务提供者要负担审查义务。[①]

具体到本书所讨论的网络广告领域中互联网信息服务提供者法律责任的问题上,对于《广告法》和《互联网广告管理暂行办法》所规定的互联网信息服务提供者履行"制止"义务的"明知或者应知"前提,两部规范性文件中的条文都没有明确解释是否要求互联网信息服务提供者承担审查义务或注意义务,这给进一步分析和解释互联网信息服务提供者的法律责任留下了空间。

姚志伟认为,《广告法》和《互联网广告管理暂行办法》中关于互联网信息服务提供者的规定意味着互联网信息服务提供者不需要负担行政法上的审查义务[②],理由主要有以下三点:一,在民法语境中,网络服务提供者不承担审查义务在我国立法和司法上是有共识的。在立法领域,国务院法制办公布的《著作权法(修订草案送审稿)》第七十三条明确规定:"网络服务提供者为网络用户提供存储、搜索或者链接等单纯网络技术服务时,不承担与著作权或者相关权有关的审查义务。"我国《侵权责任法》第三十六条的网络侵权条款是移植美国避风港规则的产物,该款条文虽然没有明确规定网络服务提供者不承担审查义务,但全国人大常委会法工委在解释该条时明确指出:"提供技术服务的网络服务提供者没有普遍审查义务"[③]。在司法领域,最高人民法院的《关于审理侵害信息网络传播权民事纠纷案件适用法律若干问题的规定》第八条第二款规定:"网络服务提供者未对网络用户侵害信息网络

[①] 陈锦川:《网络服务提供者过错认定的研究》,《知识产权》2011年第2期。

[②] 姚志伟:《公法阴影下的避风港——以网络服务提供者的审查义务为中心》,《环球法律评论》2018年第1期。

[③] 王胜明主编:《中华人民共和国侵权责任法释义》,法律出版社2013年第2版,第196页。

传播权的行为主动进行审查的,人民法院不应据此认定其具有过错。"在另一份指导意见中,最高人民法院更是明确指出:"不使网络服务提供者承担一般性的事先审查义务和较高的注意义务。"此外,网络服务提供者不承担审查义务也是国际通则。二,《广告法》使用了"明知或者应知"这一源于民法的义务模式,而非行政法义务常见的"发现"模式,故其义务模式与此前的通行模式有所区别。同时结合《互联网广告管理暂行办法》的相关规定,可以认定互联网信息服务提供者区别于一般的网络服务提供者,前者并不需要承担行政法意义上的审查义务。除了"明知或者应知"这一来自民法的表述外,《互联网广告管理暂行办法》第十五条和第十七条并未规定互联网信息服务提供者在网络广告相关业务中审查广告内容的义务。与此同时,根据新《广告法》的规定,该办法为网络广告发布者、经营者明确规定了建立审查制度、审查广告内容的义务。这一区别表明,《广告法》和《互联网广告管理暂行办法》并非没有明确互联网信息服务提供者在网络广告领域的义务,而是通过将其与网络广告发布者、经营者的角色和责任相区别,确定互联网信息服务提供者无须承担对广告内容的审查义务。三,网络广告海量性的特征使互联网信息服务提供者在客观上也不具备承担审查义务的能力。①

四 互联网信息服务提供者对网络广告的审核标准

根据以上,我国互联网信息服务提供者在《广告法》和《互联网广告管理暂行办法》的语境中不承担普遍的审查义务和较高的注意义务,但这并不意味着互联网信息服务提供者在网络广告领域就不承担任何行政法上的义务。

作为互联网信息服务的实际控制者,互联网信息服务提供者在网络广告的监督、管理方面具有天然的优势地位,实施监督、管理的成本较低、效果较好。全国人大法工委经济法室在对《广告法》第四十五条

---

① 姚志伟:《平台之治:论网络时代的广告法》,《浙江大学学报》(人文社会科学版)2017年第8期。

的解读中指出:"互联网信息服务提供者对处于其控制下的网络科技既有管理的权力,也有管理的义务,对于出现在其平台上的违法广告负有合理注意的义务。"[1] 对于这种合理注意义务,全国人大法工委经济法室认为互联网信息服务提供者应以技术手段履行,即互联网信息服务提供者应当采取一些技术性措施,对违法广告内容进行识别和控制。全国人大法工委经济法室认为这种技术手段不会显著增加互联网信息服务提供者的负担,因而属于合理的注意义务。

在实践中,这种合理注意义务究竟应当如何在互联网信息服务提供者的日常经营中体现出来?本书认为,互联网信息服务提供者通过建立一套切实可行的网络广告审核标准并贯彻落实,是履行合理注意义务的最佳途径。

在制定具体的审核标准时,可以依据以下路径进行:

其一,要明确《广告法》和《暂行办法》的有关要求在审核标准中的原则性地位。对于明显违反《广告法》和《暂行办法》规定的广告,互联网信息服务提供者要及时制止。这里可以借鉴美国的"红旗测试"标准,即判断网络广告的违法是否如此明显以至于显而易见、无法忽视。如果从普通理性人的角度来看能够发现广告违法,那么互联网信息服务提供者就必须采取措施制止该广告相关人的违法行为。

其二,引入网络广告自治标准。目前,我国关于网络广告的法律条文并不多。所有媒体广告普遍适用的规定主要是针对传统媒体广告而制定的,因而在很多情况下难以预计和解决网络广告领域的新情况和新问题。因此,互联网信息服务提供者及相关行业协会、团体、主管部门等组织均可借鉴英、美等国网络广告行业的行业自治经验和行业自律规定。例如前述《在线行为广告自律原则》中七项原则等规定,为互联网信息服务提供者监督、管理各自平台上的网络广告提供了切实可行的依据。

---

[1] 全国人大常委会法制工作委员会经济法室编著:《中华人民共和国广告法解读》,中国法制出版社2015年版,第102页。

第四章　广告代言人及其责任

在现代市场经济中，广告代言作为广告营销的一部分，对商品、服务的宣传推广起到了关键性的作用，特别是一些具有较高知名度的名人代言对消费者的影响更大。同时，广告代言人往往可以获得丰厚的代言费，实践中不乏广告代言人为获取高额的代言费进行虚假代言的情况。从近几年原国家工商行政管理总局公布的违法广告案例来看，因代言违法受到处罚的案例不在少数。2015年修订的《广告法》之所以对广告代言人做出更为详细的规定，增加针对广告代言人的行为规范和法律责任，也是为了遏制广告代言人虚假代言等不负责任的代言行为，保护消费者的权益。[①]

一　广告代言人的认定

（一）广告代言人的法律规定

相比于1994年的《广告法》，2015年修改的《广告法》从定义、义务、法律责任三个方面系统地对广告代言人进行了规定，《广告法》新增加的内容。新《广告法》第二条明确了广告代言人是指广告主以外的，在广告中以自己的名义或者形象对商品、服务作推荐、证明的自然人、法人或者其他组织。该法条对广告代言人的构成要件作出了规定：首先，在主体方面，广告代言人必须是广告主以外的自然人、法人或其他组织，这就将广告主排除在了广告代言人主体范围之外，广告主

[①] 全国人大常委会法制工作委员会经济法室编著：《中华人民共和国广告法解读》，中国法制出版社2015年版，第6—7页。

为自己企业作推荐、证明的，不认为是广告代言行为。然而，实践中面临的问题是企业高管，如法定代表人为企业"代言"的，是否属于广告代言人；其次，在行为方面，广告代言人必须以自己的名义或者形象对商品、服务作推荐、证明，这一规定将广告代言和广告表演区分开来。在具体的实践中如何区分广告中的主体是广告表演者还是广告代言人？

（二）广告代言和广告表演的区分

1. 是否以自己名义或形象

一般认为在广告中将身份信息予以明确标示的，属于以自己的名义，利用自己的独立人格。① 实践中面临的问题是，对于知名度较高的明星而言，如其未标明身份信息是否属于此处"以自己的名义或形象"。部分观点认为对于一些知名度较高的主体，虽然广告中没有标明其身份，但对于受众而言，通过其形象即可辨明其身份的，属于"以自己的形象"。② 不少学者对此提出质疑，认为将普通人与明星适用不同的标准，有违立法本意。那么，在认定广告代言时对于普通人与明星是否应当有所区别以及这种区别是否合理？

"广告代言的突出作用是通过将代言人的人格或身份特征与产品的市场定位相结合，进而提高产品在消费者心中的被认知程度，并将消费者对代言人的认同感转化为对产品的认同，最终使消费者对产品产生信赖。"③ 消费者需要先识别代言人的身份继而才能产生后续的代言效果。可见，从消费者的角度来讲，代言人是通过自报家门还是通过其自身的知名度使消费者识别并不重要，重要的是是否识别以及是否因识别而将对该主体的信赖迁移到相关的商品、服务。对于知名度较高的明星而言，即使未标明身份，消费者依然可识别其身份的，应当构成"以自己的名义或形象"。因此，这种区分并无不当之处。不过需要注意的是，

---

① 全国人大常委会法制工作委员会经济法室编著：《中华人民共和国广告法解读》，中国法制出版社2015年版，第7页。
② 《广告代言人的法律界定及行为准则》，http://www.china-caa.org/cnaa/news_view/140，最后访问时间：2018年9月25日。
③ 王沛主编：《广告心理效果与评价》，科学出版社2008年版，第228页。

知名度的有无、大小在实践中认定时具有一定难度,且知名度会随着时间等要素的变化而不断变化。例如,在家喻户晓的步步高点读机广告中,那位说"So easy,妈妈再也不用担心我的学习"的小女孩在这则广告刚播出时可能不具有知名度,且在广告中亦未标明身份,其行为显然属于广告表演。但随着广告的频繁播放,小女孩的知名度越来越高,在大众眼中其可能已经成为该品牌的代言人。因此,也有部分观点认为,此时其广告表演者的身份可能会发生转化。①

2. 是否对商品或服务进行了推荐、证明

"就常见的广告类型来看,依据个人在广告中所起作用的不同,可以将广告分为背景提示型广告、个人推荐型广告和个人证言型广告。"②在背景提示型广告中,个人没有主观意志的表达,其作用仅仅是为了引起受众注意。在个人推荐型广告和个人证言型广告中,个人表达的是自己的主观意志,对产品起着'隐性担保'作用"。③背景提示型广告中的个人属于广告表演者,而个人推荐型广告和个人证言型广告中的个人属于广告代言人。其区分的关键就在于个人在广告中是否起了推荐、证明的作用。此处的推荐、证明既包括直接向消费者推荐某商品、服务,证明其效果,也包括虽然没有明示推荐、证明,但利用其自身的影响力实际上为该商品、服务进行了推荐、证明的情形。④

比较典型的案例就是李美柯诉郭冬临洗衣粉广告案。在该案中,郭冬临的第一句台词是:"冬天快来了,污渍会不会更难洗?走,跟我来。"然后,镜头转到了一位女性洗衣服的场景。郭冬临接着说:"净白去渍,就用凉水,我们看看能不能把它洗干净?"此时出现一女子把衣服洗干净的场景。最后,郭冬临说:"冬天有汰渍。"接着其他几个

---

① 黄诗琼:《论广告表演与广告代言的联系与区别——兼谈新〈广告法〉第二条第五款》,学士学位论文,温州大学,2016年。
② 宋亚辉:《广告荐证人承担连带责任的司法认定——针对〈广告法(修订征求意见稿)〉第60条的研究》,《现代法学》2009年第5期。
③ 同上。
④ 全国人大常委会法制工作委员会经济法室编著:《中华人民共和国广告法解读》,中国法制出版社2015年版,第7页。

人一起说:"天天吃火锅。"① 消费者李美柯看到广告后购买了该洗衣粉,但其认为去污效果没有广告中宣传的好,遂起诉郭冬临利用名人身份误导消费者,代言虚假广告。郭冬临代理律师辩称:"广告里郭冬临并没有使用'我认为'、'我推荐'之类的措辞。郭冬临演的角色始终没有说产品是如何棒,郭冬临并不是洗衣粉的代言人,只是在广告片中演了一个角色而已,属于广告表演。"② 在旧《广告法》体系下,广告代言人并非责任主体。因此该案中,法院最终驳回了原告的诉讼请求。③ 但在《广告法》修订后,对广告代言人的认定及责任承担上会有不同。本书以为区分个人的行为是广告代言还是广告表演,并非仅仅依据行为人是否进行了直接的、言语上的推荐。在这个广告中,郭冬临虽然没有直接对洗衣粉的质量、功效进行担保,但从整个广告传递的信息来看,该广告旨在展示洗衣粉强力去污的功效,而郭冬临参与、见证了这个过程,具有向用户介绍该洗衣粉的目的。因此,郭冬临的行为是广告代言而非广告表演。

3. 是否签署"广告代言合同"

广告代言人作为品牌的代表,其一言一行都可能对代言的品牌产生莫大的影响,同时,代言产品的优劣也会影响代言人的形象和声誉,实践中不乏因代言人的负面新闻导致其代言产品及企业遭受重创的情况。如"兰蔻代言人何韵诗因表现出港独倾向,兰蔻因此损失惨重,并牵连母公司欧莱雅集团损失185亿元人民币。柯震东吸毒事件也给所代言的品牌厂商造成达数十亿元的损失。"④ 同时,广告代言人因代言的产品被曝出负面问题而饱受争议,甚至被诉诸公堂的案例也比比皆是。例如,2008年曝光的三鹿奶粉事件使其代言人邓婕等遭到网友炮轰;姚

---

① 广正网, http://www.adzop.com/downinfo/1586.html, 最后访问时间:2018年9月25日。

② 搜狐娱乐:《郭冬临代言洗衣粉成被告律师称其并非代言》, http://yule.sohu.com/20070604/n250376183.shtml, 最后访问时间:2018年9月25日。

③ 孔锋:《虚假广告代方行为的法律性质及其规制》, 法律硕士论文, 兰州大学, 2010年。

④ 宋清辉:《明星代言人深陷负面合作品牌怎么应对?》, http://www.sohu.com/a/133647511_ 112589, 最后访问时间:2018年9月25日。

明也曾因代言汤臣倍健保健品,遭到一名男子的起诉。[①] 此外,与广告表演者形成对比的是,广告法对广告代言人规定了诸多义务,这就促使广告代言人和广告主在对彼此的选择上慎之又慎。实践中,广告代言人与广告主通常会签订代言合同,通过合同将双方的权利义务明确化,当然也会有一些广告代言人借演艺之名行代言之实。确定广告代言人与广告主签订的合同是代言合同还是演艺合同,可以通过以下几点进行判断:

(1) 费用方面。广告代言中的代言人拿到的是代言费,广告表演中的表演者拿到的仅是劳务费。代言费数额高昂,特别是一些明星代言人,其代言费随着知名度的高低从几十万到几百万不等。因此,可以从费用的数额以及明星的知名度两个方面来判断明星所拿的费用是代言费还是劳务费。近年来,明星被聘为各种"首席体验官""首席粉丝官""产品经理"为企业做各种宣传,针对五花八门的称谓,其身份该如何认定呢?虽然称谓不同,但企业聘请明星的目的依然是利用他们的知名度为自己的产品或服务作推荐、证明,企业支付的费用也不同于员工的"薪酬"。这种情况下的明星符合代言人的特点,应属于广告代言人。

(2) 合作期限方面。广告代言的合作期限要比广告表演的合作期限长,广告代言并非一次性服务。代言人是品牌的代表,从代言人与品牌建立联系到让消费者接受,并将对代言人的信赖迁移到其代言的品牌上需要经历一个过程,因此,广告主在代言人的选择与更换上往往是非常谨慎的。而广告表演则不同,它往往是一次性的,广告表演者与广告主的合作期限以当次演艺服务为限。

(3) 合同约定的权利义务方面。对广告代言人而言,合同通常会约定广告代言人除了要拍摄相应的广告外,还要出席公关活动等;要求广告代言人在代言期间维护代言产品及企业的形象,不得作出有损产品及企业形象的举动,同时需要维护自身的形象,避免因个人负面新闻影响产品及企业的声誉;有时还会约定代言人不得再代言同类型的产品等;对广告主而言,合同通常会约定广告主应当保证其产品符合国家相

[①] 搜狐新闻:《男子因保健品食用无效起诉代言人姚明索赔1分钱精神损失》,http://www.sohu.com/a/127501426_119562,最后访问时间:2018年9月25日。

关标准、不存在质量瑕疵等。而广告表演合同往往仅要求演员按照约定出演相应的广告，无需再出席相关的公关活动，也不会限制演员出演其他同类型产品的广告。广告表演者与广告主对彼此的形象要求相比广告代言较低。

（4）违约责任方面。广告代言人需要对其代言的产品或服务负责，而广告代言人又是产品或服务的形象代表，广告主与广告代言人两者之间可谓"荣辱与共"。因此，合同通常会将"广告代言人因负面新闻形象受损"和"广告主出现产品质量问题"两种情形列入严重违约行为，并约定相应的违约责任，比如损失赔偿、违约金支付等。而广告表演合同违约责任的侧重点是演员是否按时出演广告、广告主是否按时支付劳务费等一般违约事项，广告代言人或广告主一方形象下跌也并不必然导致合作终止。

综上，广告代言人、广告表演者的认定可以结合"是否以自己名义或形象""是否对商品或服务进行了推荐、证明""是否签署了代言合同"三个要素进行判断。其中，"是否以自己的名义或形象"并不以行为人是否标明身份为判断依据，具有较高知名度的名人即使未在广告中标明身份，如果消费者能通过形象辨明其身份的，依然构成"以自己的名义或形象"。"对商品或服务的推荐或证明"既包括行为人直接向消费者推荐某商品、服务以证明其效果，也包括虽然没有明示推荐、证明，但利用其自身的影响力实际上为该商品、服务进行了推荐、证明的情形。而"是否属于代言合同"可以通过费用、合作期限、合同约定的权利义务、违约责任等条款进行综合判断。

（三）特殊情况下广告代言人的认定

1. 创意中插广告代言人认定

创意中插广告，简单来说就是在电视剧每一集播放中插播几段沿用剧中人物形象、性格、关系、道具的小剧场广告。[1] 创意中插广告的剧本一般由影视剧剧方制作，导演、摄像、演员也通常都是该剧的原班人

---

[1] 人民网：《打擦边球 披内容外衣 "中插广告"还能火多久？》，http://ent.people.com.cn/n1/2017/1023/c1012-29602961.html，最后访问时间：2018年9月25日。

马,甚至服装、场景也都是剧中的原版或与其极为相似。以最近热播的《虎啸龙吟》一则创意中插为例,广告中共出现三个人,均为该剧配角。其中姜寒饰演刘禅,另有两名女子饰演侍女。姜寒饰演的刘禅说:"别人说我乐不思蜀,我说他们不会享福。搂着网利宝躺着赚钱。"同时拿出手机指向网利宝APP,说道:"网利宝,网利宝,投资就用网利宝。"而饰演侍女的两名演员一人扇扇,一人捶腿,未发表任何意见,亦未做任何推荐商品的举动。那么,该广告中的演员是否属于网利宝的代言人?

(1) 创意中插广告中广告主很少签署代言合同

代言合同作为广告主与广告代言人之间的契约,在约束双方行为的同时,也为各自的权利提供了保障,在实践中进行广告代言合作的主体通常会签署广告代言合同。因此,创意中插广告中的演员是否属于广告代言人就可以通过其是否与广告主签署了广告代言合同来判断。结合目前创意中插广告的市场现状,由于其覆盖面有限,在剧集进入电视台播出时,创意中插必须毫无保留地剔除,这就导致极少有广告主愿意花费巨额代言费与演员签署广告代言合同,聘请代言人出演中插广告。实践中,创意中插广告的广告主与演员签署的通常为演艺合同,其向演员支付的仅为劳务费,与代言费相去甚远。在双方权利义务、违约责任约定方面也与代言合同不同,例如,不会限制演员再出演同类型产品的广告、合作期限较短(多为一次性服务)等。

(2) 是否构成"以自己的名义或形象为产品、服务作推荐、证明"需分情况讨论

就目前几部影视剧中的创意中插广告而言,出演创意中插广告的演员多为剧中配角。例如在《虎啸龙吟》创意中插广告中饰演侍女的两名女子在剧中饰演没有身份的侍女,在未标明身份的情况下,观众很难识别。同时两名女子在广告中未以任何形式为"网利宝"产品作推荐、证明。因此,该两名女子在广告中的表演不属于"以自己的名义或形象为产品、服务作推荐、证明"。而姜寒饰演的刘禅在剧中有一定的戏份,在未标明身份的情况下,观众是有可能识别其身份的,同时,他在广告中以语言、动作等形式为"网利宝"产品作了推荐。因此,刘禅在广告中的行为是否属于代言行为,需要结合其是否与广告主签署代言合同

来判断。个别情况下,也有知名度较高的主角出演创意中插广告,因为其原本就是该品牌的代言人。例如,在《求婚大作战》中,作为主角的张艺兴拍摄了某冰淇淋的创意中插广告,因为他原本就是该品牌的代言人。

(3) 演员频繁更换的不符合代言人的特点

因为代言人是品牌的代表,从代言人与品牌建立联系到让消费者接受,并将对代言人的信赖迁移到其代言的品牌上需要一个过程。因此,在代言人的选择与更换上,品牌方往往是非常谨慎的。一个品牌通常会选择与自己品牌风格、文化等方面比较契合的一个人或几个人作为代言人。在选定品牌代言人之后,品牌方往往会通过合同与代言人约定一定时长的服务期,且在此期间内,品牌方不会随意更换代言人。因此,针对创意中插广告中同一品牌有多个演员出演,且几乎几集就会更换演员出演的情况,表演者构成广告代言人的可能性较小。

综上,从合同层面来看,创意中插广告中广告主与演员通常签署的是演艺合同;从广告表现来看,知名度较低的配角出演广告且在广告中未为产品作推荐、证明的,不属于广告代言;有一定知名度的配角为产品作推荐、证明的,需要结合其是否签署了代言合同进行判断,如果签署了代言合同,其行为应当构成广告代言,否则,可能属于广告表演;剧中主角出演创意中插广告的,即使未表明身份,由于其知名度较高,其行为仍然可能构成广告代言。另外,是否频繁更换创意中插广告中的演员也可作为判断某一行为是否属于广告代言的依据。演员知名度的大小通常依据知名度所及的地域范围(比如是及于县、市、省还是全国、全球)和知名度持续的时间进行判断,具体结合其出演影视剧的知名度、收视率,其在剧中扮演的角色的知名度,演员本身的关注度等判断。[1] 同时,实践中明星的知名度往往会随着时间、新闻事件以及其出演的影视剧、综艺节目等因素的变化而变化,因此需要结合具体情况来判断。

---

[1] 《怎么样界定一线、二线、三线明星》,http://www.360doc.com/content/16/0518/16/31351166_560197526.shtml,最后访问时间:2018年9月25日。

2. 植入式广告代言人认定

植入式广告是指厂商将商品或其他具有代表性的符号、品牌、服务等有意且不醒目地加入任何形式的传播媒体中，以达到宣传效果，同时传播媒体可因此获得相当的对价。① 最常见的方式包括影视剧植入、综艺节目植入、文章植入等，本书重点探讨影视剧植入这种方式。影视剧中广告植入的方式有台词植入、道具植入、角色植入、场景植入、剧情植入、音效植入、题材植入、文化植入等。② 那么，在植入式广告中演员的行为是属于广告代言还是广告表演？

（1）演员戏中不具备独立人格

由于植入式广告嵌于剧情之中，而演员在剧中有着不同于自身的另外一种身份，且其一言一行均以"剧本"为蓝本，理论上不存在独立表达自己意志的情况，也即不具备独立的人格。因此，即使演员在剧中表达了对某商品或服务的肯定，也很难认定该演员是"以自己的名义或者形象"为商品或服务作推荐、证明。当然，不容忽视的是，实践中很多厂商会选择通过代言人主演的电视剧、综艺节目等进行广告植入，希望通过隐性广告的方式提升品牌知名度。以前段时间热播的《欢乐颂2》为例，第三集中邱莹莹从老家回来为舍友带回了土特产，此时镜头给到了她手中提着的良品铺子，显然这是广告植入，那么，饰演邱莹莹的杨紫是否构成对良品铺子的广告代言呢？据调研，杨紫确实为良品铺子的代言人，③ 但其代言人身份的构成很难说是因为带特产的剧情决定的，而是因为其已经在戏外与良品铺子达成了广告代言合作。

（2）植入式广告隐蔽式的特点较少出现"推荐、证明"

植入式广告设计的精妙之处就在于不着痕迹地宣传广告品牌，使用户在潜移默化中接受其产品，达到"润物细无声"之效，而植入式广告这种隐蔽性的特点决定了它几乎不会采用语言、肢体动作等方式让用户感觉到其在"做广告"，反而运用较多的方式主要有场景植入、道具

---

① 李剑：《植入式广告的法律规制研究》，《法学家》2011年第3期。
② 刘双舟：《对影视剧药品植入式广告法律规制的思考》，http://www.cssn.cn/fx/fx_rdty/201701/t20170131_3400523.shtml，最后访问时间：2018年9月25日。
③ 《〈欢乐颂2〉也有阶级壁垒，刘涛一年18个代言碾压姐妹》，http://wemedia.ifeng.com/16032085/wemedia.shtml，最后访问时间：2018年9月25日。

植入等。显然，这种"默默无闻式"的植入不符合广告代言人的行为要件——"对商品、服务作推荐、证明"。正如上文提到的《欢乐颂2》，当剧中的邱莹莹为舍友带回土特产时，镜头只是给到了她手中提着的良品铺子，邱莹莹及剧中其他人物并未作出任何"推荐、证明"的行为。

判断演员是否为广告代言人需要区分剧中与戏外两种情形。因为影视剧植入式广告中的演员在剧中不具备独立的人格，所以演员在剧中对商品或服务的购买、使用，甚至推荐等行为很难被认定为是演员在"以自己的名义、形象"为产品作推荐。如果演员在戏外与广告主达成了代言合作，签署了代言协议，则可依据该协议以及演员在戏外的一些活动认定演员在剧中对商品或服务的购买、使用以及推荐等行为是代言行为。植入式广告具有隐蔽性等特点，广告中很少出现"推荐、证明"等行为，因此，难以认定植入式广告中演员的行为构成广告代言。

3. 高管"代言"是否属于广告代言人

高管代言在实践中并不少见，常见的有企业法定代表人、CEO、经理等高管为企业进行代言的情况。例如，2012年，聚美优品法定代表人陈欧的"我为自己代言"；2014年，格力电器法定代表人、董事长董明珠联手万达集团董事长王健林，出演格力空调广告等。在这种情况下，企业法定代表人出演广告是否应认定为广告代言人在学术界存在不小的争议。一种观点认为，不应将法定代表人认定为广告代言人。根据《民法通则》第四十三条的规定，"企业法人对它的法定代表人和其他工作人员的经营活动承担民事责任"，"如果法定代表人的行为与其企业商业性行为客观上具有密不可分关系，这就属于广告主为自己作证明、推荐，不属于广告代言人。"① 另一种观点认为，"应将法定代表人认定为广告代言人。《民法通则》第四十三条规定的法定代表人和其他工作人员的经营活动范围应仅限于行为人职务本身所对应的业务行为。就代言行为本身而言，不能被界定为法定代表人的"职务行为"。法定代表人虽在对外业务活动中代表企业，但两者间又具有一定的独立性。

---

① 《专家谈新〈广告法〉广告代言人规则》，http://www.sohu.com/a/151414575_367517，最后访问时间：2018年9月25日。

因此法定代表人应被认定为广告代言人。① 上述两种观点均有其合理性，但从《广告法》的立法目的和广告代言人自身的特点来看，应将出演广告的企业高管认定为广告代言人。理由如下：

（1）企业高管的"代言行为"不属于广告主的行为

企业高管，如法定代表人、董事长、经理等，其职责主要是运营管理企业或企业相关产品。例如对外洽谈合作、签署合同、出席活动；对内制定、执行企业相关制度；开发、策划、运营相关产品以及内部人员管理等。企业高管在广告中为产品作推荐、介绍的行为显然不是职务行为，不属于《民法通则》第四十三条规定的企业法人应当对它的法定代表人和其他工作人员承担民事责任的经营活动范围，因此，企业高管的代言行为不应当认定为广告主的行为。

（2）企业高管出演广告可能构成"以自己的名义或者形象对商品、服务作推荐、证明"

企业高管通常是相关行业里的"明星"，其自身具备较高的知名度和独特的人格魅力。即使他们在广告中未标明身份，相关公众仍然可能识别其身份。因此，企业高管出演广告为所在企业或企业相关产品作推荐、证明的行为应当属于"以自己的名义或形象为商品、服务作推荐介绍"。从现有的广告案例来看，企业高管出演广告时通常会标明其姓名、公司名称和职位。在这种情形下，相关公众显然能够轻易地识别广告代言人企业高管的身份。企业高管代言的效果与聘用知名度较高的明星代言广告的效果并没有多大的差别，甚至可以说企业高管因其本身的人格魅力、经历、职位等因素，可能更容易取得消费者的信任。因此，从效果上来说，企业高管与明星作代言并无多大差别。实践中存在企业聘用明星为高管、员工，然后明星再为企业作"代言"的情形，那么在这种情况下明星是否仍然属于广告代言人？本书认为，企业聘用明星为高管或员工，依然是看中明星的知名度，其意图依然是利用明星的知名度为企业或产品作宣传。企业为明星支付的酬劳来也并不等同于高管、员工的工资。此外，在明星为企业或产品作推荐时，相关公众并不会将其

---

① 刘双舟：《〈我为自己代言〉应认定为广告代言行为》，http：//www.360doc.com/content/15/1109/15/9851038_511904130.shtml，最后访问时间：2018年9月25日。

看作企业员工在为自己企业作宣传，而会将其看作明星的"代言"活动。因此，被聘用为企业的高管或员工，又同时为企业代言的明星应当属于广告代言人。

此外，如果出演广告的高管不被认定为广告代言人，则可能会成为部分企业或个人逃避《广告法》监管的理由。

《广告法》对广告代言行为进行了诸多规制，如第十六条、第十八条规定了医疗、药品、医疗器械、保健食品不得利用广告代言人作推荐、证明；《广告法》第二十一条、第二十四条、第二十五条、第二十七条规定了不得利用特定身份作代言的商品或服务。如果企业高管出演广告为企业作推荐、证明的行为不被认定为是广告代言，这可能促使部分企业堂而皇之地让广告代言人以企业高管的名义"代言"《广告法》禁止代言或禁止以特定身份代言的商品或者服务，从而逃避法律的监管。此外，《广告法》规定的广告代言人的义务也可能因"企业高管"不构成广告代言人而不必履行，如真实代言、合法代言、未使用不得代言、对虚假广告应承担相应的连带责任等义务。这将会大大影响《广告法》的实施效果，显然不符合立法的本意。因此，应当将企业高管的"代言"行为认定为广告代言。

二 广告代言人的义务

2015 年修订的《广告法》对广告代言人新增了诸多义务，广告代言在为代言人赚取收入的同时也为代言人谱写了"章法"。广告代言人的义务主要规定在《广告法》第三十八条第一款，即"广告代言人在广告中对商品、服务作推荐、证明，应当依据事实，符合本法和有关法律、行政法规规定，并不得为其未使用过的商品或者未接受过的服务作推荐、证明。"该条款主要包括真实代言义务、合法代言的义务和未使用不得代言义务。真实代言、合法代言义务具体包括哪些内容？如何理解"未使用不得代言义务"？这是否意味着性别逆向代言就此退出历史舞台以及婴幼儿用品再无符合条件的代言人？广告代言人如何证明已经使用过所代言的商品？这些问题都有待我们进一步探讨。

(一) 真实代言义务

真实代言义务指的是广告代言人在广告中对商品、服务作推荐、证明时，应当实事求是，不得没有事实依据地夸大宣传，更不得代言虚假广告。实践中面临的问题是广告本身包含"艺术创意"，而适当的夸张也是广告本身具有的特性。那么真实代言义务是否意味着对广告"艺术创意"的否定？司法实践中不乏类似的案例，例如，2000年中央电视台播放了一则"著名笑星赵本山身穿北极绒保暖内衣被外星人劫持到'冰星'上，被冻在冰块之中却安然无恙"的广告，广告声称北极绒品牌的保暖内衣"薄如羊毛衫，暖赛羽绒服"。消费者陈某看到该广告后购买了该商品，穿上后仍感觉寒冷。为此，陈某认为他所购买的保暖内衣与广告宣传的功效不符，自己受到了赵本山的欺诈，于是向法院提起诉讼。上海市第二中级人民法院最终认定涉案广告属于适当进行艺术加工的科幻广告，并非是引人误解的虚假广告，因此，赵本山的行为不构成虚假鉴证。

结合目前的行业情况以及司法实践来看，广告内容的适当夸张以及适度的艺术效果是被允许的，只要不会引起具有一般认知能力的公众的重大误解即可。然而，消费者的主观认知能力是存在差异的，观看同一则广告，不同的消费者也有不一样的理解。因此，如何把握广告"艺术表达"和"适度夸张"的度，使其既满足广告创意的需求，同时又不会引起消费者误解，符合真实代言的规定，还需要我们在实践中不断探索。

(二) 合法代言义务

1. 广告代言应当符合《广告法》的规定
(1) 特殊产品或服务禁止代言

《广告法》第十六条第一款第四项规定了医疗、药品、医疗器械广告不得利用广告代言人作推荐、证明；《广告法》第十八条第一款第五项规定了保健食品广告不得利用广告代言人作推荐、证明。无论医疗、药品、医疗器械还是保健品，均直接作用于人体，而其作用对象存在个体差异，因此，不宜利用广告代言人作推荐、证明，以防止误导患者或消费者，损害其身体健康。①

（2）特殊产品或服务不得使用特定身份代言

在新《广告法》颁布之前，以专家、患者、权威机构等名义为商品作推荐、介绍的广告并不少见，特别是一些药品、保健品广告，如"神药专家"刘洪滨即是以祖传苗医传人、北大专家、养生保健专家等身份推销苗仙咳喘方、天山雪莲、药王风痛方等九种药品和保健品。② 原国家工商行政管理总局 2017 年 8 月 25 日公布的 2017 年虚假违法广告典型案例中，有 4 则案例涉及利用专家、患者或协会的名义对产品、服务作推荐。③ 广告主之所以如此青睐"专家"、"患者"的身份，是因为专家、患者、受益者、用户等身份更容易引起消费者的信任。专家的身份往往容易给大众一种专业感、权威感和信赖感。同样，受益者的身份也会引发消费者对产品较高的预期，并且在这种受益预期的驱动下，促使消费者进行消费行为。为了规制这种利用特定身份进行广告宣传从而引发消费者盲目消费的现象，避免误导，《广告法》第二十一条、第二十四条、第二十五条、第二十七条分别规定了四类产品或服务不得使用特定身份作代言，分别为：

第一，农药、兽药、饲料和饲料添加剂不得利用科研机构、学术机构、技术推广机构、行业协会或者专业人士、用户的名义或者形象作推荐、证明；

第二，教育、培训广告不得利用科研单位、学术机构、教育机构、行业协会、专业人士、受益者的名义或者形象作推荐、证明；

第三，招商等有投资回报预期的商品或者服务广告不得利用学术机构、行业协会、专业人士、受益者的名义或者形象作推荐证明；

第四，农作物种子、林木种子、草种子、种畜禽、水产苗种和种养殖广告不得利用科研单位、学术机构、技术推广机构、行业协会或者专业人士、用户的名义或者形象作推荐证明。

---

① 全国人大常委会法制工作委员会经济法室编著：《中华人民共和国广告法解读》，中国法制出版社 2015 年版，第 39、45 页。

② 《"神药专家"被揭底代言假药月销近百万元》，http://bj.jjj.qq.com/a/20170622/012543.htm，最后访问时间：2018 年 9 月 25 日。

③ 《工商总局公布 2017 年虚假违法广告典型案例》，http://www.saic.gov.cn/xw/zyxw/201708/t20170825_268679.html，最后访问时间：2018 年 9 月 25 日。

(3) 含有违反《广告法》内容的广告不得代言

《广告法》第九条规定广告不得有下列情形：使用或者变相使用中华人民共和国的国旗、国歌、国徽，军旗、军歌、军徽；使用或者变相使用国家机关、国家机关工作人员的名义或者形象；使用"国家级""最高级""最佳"等用语；损害国家的尊严或者利益，泄露国家秘密；妨碍社会安定，损害社会公共利益；危害人身、财产安全，泄露个人隐私；妨碍社会公共秩序或者违背社会良好风尚；含有淫秽、色情、赌博、迷信、恐怖、暴力的内容；含有民族、种族、宗教、性别歧视的内容；妨碍环境、自然资源或者文化遗产保护；法律、行政法规规定禁止的其他情形。如果广告含有前述内容，则因其违反《广告法》，因此广告代言人不得进行代言。①

2. 广告代言应当符合其他法律、行政法规的相关规定

广告代言除了应当遵守《广告法》的规定外，还应当符合其他法律、行政法规的相关规定。例如《消费者权益保护法》规定的"消费者组织不得以收取费用或者其他牟取利益的方式向消费者推荐商品或服务"。《产品质量法》规定的"产品质量监督部门或者其他国家机关以及产品质量检验机构不得向社会推荐生产者的产品。《特种设备安全法》规定，特种设备检验、监测机构及其检验、检测人员，以及负责特种设备安全监督管理的部门及其工作人员不得推荐特种设备"。2015 年《食品安全法》规定的"县级以上人民政府食品药品监督管理部门和其他有关部门以及食品检验机构、食品行业协会不得以广告或者其他形式向消费者推荐食品。消费者组织不得以收取费用或者其他牟取利益的方式向消费者推荐食品"。②

（三）未使用不得代言义务

1. 未使用不得代言义务的界定

《广告法》第三十八条第一款规定："广告代言人在广告中对商

---

① 刘双舟：《新广告法精解与应用》，中国财政经济出版社 2015 年版，第 86 页。
② 全国人大常委会法制工作委员会经济法室编著：《中华人民共和国广告法解读》，中国法制出版社 2015 年版，第 83 页。

品、服务作推荐、证明，应当依据事实，符合本法和有关法律、行政法规规定，并不得为其未使用过的商品或者未接受过的服务作推荐、证明。"该法条规定了广告代言人真实合法代言的义务和未使用不得代言的义务。未使用不得代言义务，顾名思义，就是要求广告代言人必须先使用相关商品或接受相关服务，否则不得为其代言。该法条主要针对实践中一些明星为了丰厚的代言费，为其毫无了解的产品、服务进行推荐、介绍，致使一部分消费者因信任代言人而购买相关产品、服务造成损害的情况。那么，"未使用不得代言义务"具体如何理解呢？

（1）使用行为的要求

首先，在使用方式上，代言人需要根据产品或者服务的特点、使用方法、作用对象、用途等进行"合目的性的使用"。[1] 也即代言人的使用行为要符合产品的特点、目的以及通常使用的方式。例如，将饮用矿泉水拿来洗脸并不符合饮用矿泉水通常用来饮用的使用方式；成年人饮用婴幼儿奶粉也不符合婴幼儿奶粉专门针对婴幼儿群体的使用目的。因此，这样的使用方式不属于"合目的性使用"，不符合《广告法》第三十八第一款规定的使用义务。

其次，《广告法》并没有对使用时间和使用次数作出明确的规定，有些产品并非一朝一夕就能见效，甚至偶尔一次或短期的使用，对产品的功效了解可能没有多大意义。例如，化妆品广告中常用的"提亮肤色、改善肌肤状况"等功能，并非短期使用即可实现。此外，也有学者指出，这里的使用是有过"使用或接受"经历即可，还是必须要达到何种效果。[2] 实践中对消费者依据广告内容判断商品或服务的效果具有较大的意义。因此，在具体的使用行为的要求方面可能需要根据不同的产品或服务的特点进一步的细化。

（2）使用主体的要求

全国人大常委会法制工作委员会经济法室编著的《中华人民共和国

---

[1] 宋亚辉：《广告代言的法律解释论》，《法学》2016年第9期。
[2] 刘双舟：《性别逆向代言广告引发的思考》，http://blog.sina.com.cn/s/blog_4c9d230f0102vt88.html，最后访问时间：2018年9月25日。

广告法解读》认为"未使用不得代言义务"意味着"广告代言人需要了解其所代言的商品或者服务的基本情况和特性,并有过亲身体验,其推荐、证明才有根据、有说服力。"① 可见,该解读认为"使用"是指"亲自使用"。然而,部分学者对此持相反意见,认为"这里的'使用'不宜作过窄的解释,'使用'并不限于广告代言人'亲自'使用。"② 本书比较赞同后者的观点。理由如下:首先,"亲自使用"确实能够在很大程度上引起代言人对产品的关注,遏制不负责任的代言行为。然而必须承认的是,在某些情况下,无法要求广告代言人"亲自使用"商品,如果一味地要求严格实行"亲自使用",部分代言人将会被剥夺代言部分商品的资格,而这种限制并无正当的理由,例如,性别逆向代言。实践中性别逆向代言的明星比比皆是:何润东代言女性内衣、金莎代言剃须刀、元斌代言女性唇膏等,但并未引起不良的效果,反而很多广告成为营销的典范。其次,如果严格限定所有产品或服务必须"亲自使用",则可能出现明星为了满足"亲自使用"的强制性条件而任意地不合目的地使用商品,如成年人饮用婴幼儿奶粉等行为。再次,《广告法》规定的代言人除自然人外,还包括法人、其他组织,而对于法人和其他组织而言,"使用"的含义就更广泛了。③ 因此,亲自使用不应当以"一刀切"的方式要求所有的代言均需要代言人亲自使用,对于那些亲自使用不属于"合目的性使用"的情况,应当允许代言人之外的主体使用。

那么,代言人以外的主体如何限定呢?通常情况下,关系越密切、越具有共同利益的人相互之间的影响越大,作为代言人的一方对另一方的关注度就越高,代言人在产品的选择上越谨慎,在结果的反馈与收集上越便利,就越能达到与"亲自使用"相似的效果。例如,如果代言人要将代言的婴幼儿奶粉给其子女饮用,在决定是否为某一品牌代言之前必然会十分谨慎地考察,并且饮用效果也更加容易被察觉。因此,代

---

① 全国人大常委会法制工作委员会经济法室编著:《中华人民共和国广告法解读》,中国法制出版社2015年版,第83页。
② 刘双舟:《中华人民共和国广告法释义》,中国工商出版社2015年版,第146页。
③ 刘双舟:《新广告法精解与应用》,中国财政经济出版社2015年版,第85页。

言人以外的主体应当限定在与代言人关系密切、相互信任且能够形成利益共同体的人，例如民法上的近亲属，即配偶、父母、子女、兄弟姐妹、祖父母、外祖父母、孙子女、外孙子女。

综上，未使用不得代言义务在使用方式上应当限于合目的性的使用，同时应当根据不同产品或服务的特点细化合理的使用期限和使用次数；在使用主体上应当以代言人亲自使用为原则，特定主体使用为例外，尊重现有的广告行业惯例。需特别注意的是，如果代言人在广告中明示或暗示其亲自使用过产品或服务的，代言人需要亲自使用，且这种使用必须是"合目的的使用"。代言人作出了亲自使用的承诺，就应当亲自使用，不得把"代言人以外的主体的使用"视为"代言人的亲自使用"，以免误导消费者。

2. "未使用不得代言义务"与"不得使用受益人名义代言""不得使用用户名义代言"的比较

（1）概念

"未使用不得代言义务"是指代言人不得为其未使用的商品或未接受过的服务作推荐、证明，强调代言人在广告代言背后的实际使用行为或经历。"不得使用受益人名义代言"是指在《广告法》第二十四条、第二十五条规定的特定的商品、服务的广告代言中，代言人不得以受益人的名义或形象为商品、服务作推荐、证明。"不得使用用户名义代言"是指在《广告法》第二十一条、第二十七条规定的商品、服务的广告中，代言人不得以用户的名义或形象作推荐、证明。后两者侧重规制广告内容的本身，即代言人在广告中的身份。

（2）适用的产品、服务

未使用不得代言的义务适用于所有产品和服务的代言人，同时，根据特定商品或代言的需求适当扩大"使用"的主体范围，不将其限定于代言人"亲自使用"；而"不得使用受益人名义代言"的规定仅限定于教育、培训广告及招商等有投资回报预期的商品或者服务；同样"不得使用用户名义代言"也仅针对农药、兽药、饲料、饲料添加剂、农作物种子、林木种子、草种子、种畜禽、水产苗种和种养殖广告。而《广告法》之所以限定前述商品或服务不得以受益人、用户的名义作代言，是因为在教育、培训、招商类商品或者服务的广告及农药、兽药、饲料等商品的广告中，受益人、用户的名义和形象更容易使消费者产生盲目相信的心理，从而误导消费者。因此，将教育、培训、招商、农药、兽药、饲料等商品和服务的广告列入"不得以受益人或用户名义、形象作代言"的范围中具有一定的合理性。

（3）规制的主体及法律责任

未使用不得代言的义务针对的是广告代言人，相应的法律责任有没收违法所得、罚款；不得使用受益人名义代言以及不得使用用户名义代言的义务主体是广告主、广告经营者和广告发布者。广告主违反相关规定的，可能面临的处罚为消除影响、罚款、吊销营业执照、撤销广告审查批准文件、一年内不受理其广告审查申请；广告经营者、广告发布者明知、应知的，可能面临没收广告费用、罚款、暂停广告发布业务、吊销营业执照、吊销广告发布登记证件。

3. "未使用不得代言义务"与"不得使用受益人名义代言""不得使用用户名义代言"是否冲突

有学者指出，未使用不得代言义务要求代言人使用代言商品或服务，此时，代言人本身就是该商品或服务的用户，也有可能成为代言产品的受益者，而不得使用受益人名义代言及不得使用用户名义代言的规定则要求代言人不得以受益人或用户的名义或形象为产品作代言，两者之间存在冲突。本书认为，《广告法》第二十条、第二十五条关于"教育、培训广告、招商等有投资回报预期的商品或服务广告不得以受益者的名义或者形象作推荐、证明"的规定以及《广告法》第二十一条、第二十七条关于"农药、兽药、饲料、饲料添加剂、农作物种子、林木种子等广告不得以用户名义或者形象作代言"的规定并不妨碍代言人使用义务的履行，也并不排斥代言人实际上是相关产品或服务的用户或者受益人，而只是要求在为法律规定的特定的商品、服务作代言时不以受益者或者用户的名义或形象出现。

那么，在《广告法》第二十四条、第二十五条规定的商品或服务的广告中，代言人以用户名义出现是否违反了"不得使用受益人名义代言"的规定？解答这个问题的关键在于"用户"是否等同于"受益人"？本书认为，用户并不当然等同于受益人，应当视代言人在广告中的行为而定。例如，在培训类广告中，代言人如果仅以学员的身份做诸如"一流的师资团队、值得信赖的品牌"等形式的推荐，消费者从中仅能得知代言人是该产品的用户，并不能得出代言人因此而受益的结论。据此可知，代言人在消费者购买相关产品中所起的作用依然可能是基于代言人本身的影响力。代言人如果以学员的身份在为产品或服务做推荐、介绍时提及自己因此受益，例如"能力得到快速提升、考试成绩优秀"等，则不再属于单纯的用户，其身份变成该商品或服务的受益人，这种情形可能会违反"不得使用受益人名义代言"的规定。如2017年11月，"哒哒英语 DaDaABC"被上海市工商局处以三十万元人民币的罚款，处罚原因之一就是"哒哒英语 DaDaABC"在微信公众号上发布了一篇《家长有话说》的广告内容，其中将三名学员及十一名名学员家长作为受益者的形象和名义进行推荐宣传，违反了"不得利用受益者的名义或者形象作推荐、证明"的规定。①

综上，未使用不得代言义务作为《广告法》新增的广告代言人义务，其初衷在于遏制不负责任的代言行为，促使广告代言人在选择是否为某一品牌代言时更加小心谨慎，然而也应当看到在某些情形下"亲自使用"无法实现的情况，因此，应当要求广告代言人以亲自使用为原则，允许特定主体的使用为例外，坚持合目的性使用的要求，切实履行未使用不得代言义务。同时，未使用不得代言义务与不得使用受益人名义代言、不得使用用户名义代言的规定并不冲突，用户并不等同于受益人。当然，需要注意在特定情况下用户身份可以向受益人身份转化。此外，实践中可能会面临如何监督、举证代言人是否切实履行了"未使用不得代言"义务、"不得使用受益人名义代言"义务以及"不得使用用户名义代言"义务的问题。特别是当代言人在私人空间完成商品或服务的使用义务时，对其监督、举证的过程可能会涉及个人隐私。因此，在正确理解未使用不得代言义务的同时，也需要继续探讨对此如何进行有效监管的问题。

---

① 《哒哒英语广告违法被罚30万连续2年因同一类行为被罚》，http://finance.sina.com.cn/chanjing/gsnews/2017-11-29/doc-ifypathz7180092.shtml，最后访问时间：2018年9月25日。

三 广告代言人的主体责任

(一) 广告代言人的行政责任

1. 没收违法所得,并处违法所得一倍以上二倍以下的罚款

《广告法》第六十二条规定了广告代言人承担行政责任的四种情形:第一,在医疗、药品、医疗器械广告中作推荐、证明的;第二,在保健食品广告中作推荐、证明的;第三,为未使用过的商品或者未接受过的服务作推荐、证明的;第四,明知或者应知广告虚假仍在广告中对商品、服务作推荐、证明的。

2. 违法主体特定期限内限制广告代言资格

《广告法》第三十八条第三款规定:"对在虚假广告中作推荐、证明收到行政处罚未满三年的自然人、法人或其他组织,不得利用其作为广告代言人。"本款既是对广告主、广告经营者和广告发布者选择广告代言人设置的排除性条件,也是对广告代言人的一种"警告"。广告代言人明知或者应知某一广告是虚假广告但仍在广告中对商品、服务作推荐、证明,自其受到行政处罚之日起未满三年的,都不得再次被邀请成为广告代言人。这一规定对于已经受到行政处罚的广告代言人而言,无疑是"双重惩罚"。这种双重惩罚机制,可以促使广告代言人更加慎重地选择需要代言的广告,不会轻易为了一时的经济利益而为虚假广告代言。这样的规定对于虚假广告代言现象必将具有更大的威慑力和遏制效果。[①]

(二) 广告代言人的民事连带责任

2015年修订的《广告法》在新增广告代言人义务的同时,也增加了代言人对于虚假广告的法律责任。《广告法》第五十六条第二款、第三款分别规定了广告代言人对关系消费者生命健康的商品或服务的虚假

[①] 全国人大常委会法制工作委员会经济法室:《中华人民共和国广告法解读》,中国法制出版社2015年版,第85页。

广告及除此之外的其他虚假广告的连带责任，区别在于前者为无过错原则，后者为过错原则。那么，何为虚假广告、关系消费者生命健康的商品或服务的界定以及广告代言人在何种情形下可能构成"明知、应知"等问题，仍有待进一步探讨。

1. 虚假广告的界定

《广告法》第二十八条对虚假广告进行了定义，即广告以虚假或者引人误解的内容欺骗、误导消费者的，构成虚假广告。同时，列举了虚假广告的五种情形，包括商品或者服务不存在的；广告中传达的信息与商品或者服务的真实情况不相符，并在根本上影响了受众购买该产品的行为的；产品的证明材料使用的是虚构、伪造或无法验证的信息的；虚构使用效果的；其他误导性的内容或行为。可见，虚假广告的构成包括两个要件：

（1）广告内容虚假或引人误解。广告内容虚假一般是指广告传递的商品的性能、功能、产地、用途、质量等与实际情况不符；广告内容引人误解通常是指广告内容含混不清，容易产生歧义，引起消费者误解的情形。

（2）造成了欺骗、误导消费者的客观后果，或者有欺骗、误导消费者的可能性的。此处的"消费者"，既包括购买了广告商品或者服务的消费者，又包括可能购买广告商品或者服务的潜在消费者。

但同时应当注意的是，"欺骗、误导"应当与广告的艺术表达相区分。广告需要通过一定的艺术手法来表达，有的内容虽然虚假或者引人误解，但正常的消费者能够正确理解其含义，不足以欺骗、误导消费者的，不构成虚假广告。例如，某化妆品宣传"今年二十，明年十八"，虽然现实中不可能实现，但是消费者都知道这是夸张的表现方法，不会被欺骗或者误导。[①]

2. 过错原则与无过错原则适用标准的区分

虚假广告虽并不直接损害消费者的权益，但因其具有诱导消费者购买相关产品或服务的效果，实质上对相关损害后果的形成起了帮助作

[①] 全国人大常委会法制工作委员会经济法室：《中华人民共和国广告法解读》，中国法制出版社2015年版，第63—64页。

用，因此，具有可责性。而广告代言人因其在广告中为相关商品、服务作了推荐、证明，无疑充当了"虚假信息"的传递者，甚至加强者，对消费者遭受损害的结果起到了"助推"的作用。一些情况下，消费者正是基于对广告代言人的信任而"爱屋及乌"购买其代言的商品或服务。因此，"信赖是考察鉴证行为与消费决策之间是否存在因果关系的核心要素，同时也是要求广告代言人承担连带责任的必要条件"。[①]《广告法》第五十六条第二款和第三款从更加重视保护消费者生命健康的角度出发，区分关系消费者生命健康的商品或者服务及其他商品或者服务规定广告代言人承担连带责任的规则原则，包括无过错责任原则与过错责任原则，那么，如何判断商品或者服务是否关系消费者生命健康呢？

本书认为"关系消费者生命健康的商品或者服务"应当做广义理解，除包括直接作用于人体，其使用直接影响消费者生命健康的商品或者服务外，如食品、保健食品、药品、医疗服务等，一些可能会引起安全事故进而威胁消费者生命、健康的商品或服务，如家用电器、汽车、旅游服务等也可能属于关系消费者生命健康的商品或者服务。例如当消费者因正常使用相关产品而造成生命权、健康权受到损害的，应当认定为"关系消费者生命健康的商品或服务"。因此，在认定是否属于"关系消费者生命健康的商品或者服务"时，应当分为事前的一般理性人对于该商品或者服务是否关系生命、健康的预判，以及在具体案情中消费者受到损害的两种情况，综合判断是否属于"关系消费者生命健康的商品或服务"，广告代言人是否需要承担无过错责任。

3. 明知、应知的认定

如前所述，非关系消费者生命健康的商品或服务的虚假广告，广告代言人只有在明知或者应知广告虚假仍推荐、证明的，才会与广告主承担连带责任。明知是指广告代言人事实上已经知道其代言的广告内容是虚假的但仍为其进行代言的情况；应知主要包括代言人本应该知道广告内容虚假，但由于自己事先并没有进行审查、没有履行使用义务，或虽进行审查或使用，但因疏忽大意而没有发现其代言的广告内容虚假的情

[①] 宋亚辉：《广告代言的法律框架与解释适用》，《中国工商管理研究》2015年第4期。

况。那么对于"明知"和"应知"应当如何认定？广告代言人是否存在过错，可以依据广告代言人是否尽到了相应的义务来进行判断：

（1）使用义务

广告代言人在为产品或者服务作推荐、证明时，应当履行使用义务，遵循以亲自使用为原则，特定主体使用为例外的规则，在使用过程中应特别注意验证与拟宣传的广告内容是否相符。广告代言人无法亲自使用产品或无法亲自体验服务时，应尽可能选择便于观察使用效果、能够及时反馈信息的主体。无论亲自使用还是特定主体的使用，均应进行合目的的使用，并根据不同商品或者服务的特点设定相应的使用期限，以便广告代言人充分了解商品或服务的效果，并在此基础上如实陈述使用效果。

（2）审查义务

广告代言人应当对广告的品类和内容进行审核，保证广告代言活动不存在法律禁止的情形。广告代言人对广告的审查可以参照《广告法》第三十四条第二款规定的广告经营者、广告发布者的查验义务。查验的文件主要包括广告主的资质证明文件，如营业执照、广告经营许可证等生产、经营资格证明文件；产品相关文件，如生产批准文件、原产地证明、质量检测报告等；广告内容，如是否包含违反《广告法》的内容，是否存在与产品本身不符的描述等。

（3）"不良信息"调查义务

广告代言人除了要履行使用义务及审查义务外，还应当对拟代言商品或服务的相关信息进行调查，比如，消费者对该商品或者服务的使用反馈、评价，相关商品或者服务是否有过被市场监管部门处罚的记录、是否有过产品质量纠纷、是否因质量问题被相关媒体曝光等信息。对于一些曾经有过不良信息记录的商品或者服务，需广告代言人给予较高的注意义务。

（三）特殊主体广告代言人的责任承担

1. 未成年广告代言人的责任承担

《广告法》第三十八条第二款规定："不得利用不满十周岁的未成年人进行广告代言。"当广告主利用不满十周岁的未成年人作代言时，广告主以及明知或应知广告存在利用不满十周岁的未成年人作代言的情况仍设计、制作、代理、发布的广告经营者、广告发布者需要承担相应的法律责任，那么，在此情形下，未成年人是否要承担相应的责任？当该广告为虚假广告时，未成年人是否要承担责任？

从《广告法》的规定来看，违反《广告法》第三十八条第二款的规定，利用不满十周岁的未成年人作为广告代言人的违法行为，其责任主体为广告主及构成明知或者应知的广告经营者、广告发布者，并未包含未成年人。而从实践中市场监管部门处罚的几起利用不满十周岁的未成年人作代言的案例来看，未成年人均不在被处罚的主体当中，例如，2016年5月18日，原上海市工商行政管理局检查总队查处的金红叶纸业集团违法广告案例中，即因广告主金红叶纸业集团有限公司上海分公司在上海世纪联华超市若干门店内销售的清风质感纯品系列卷纸的外包装及超市门店内的清风卷纸广告板广告中含有不满十周岁的未成年人Kimi Lin的广告代言人形象（影星林志颖的儿子，中文名林嘉荣，生于2009年，至2016年，Kimi Lin未满十周岁），广告主红叶纸业集团有限公司上海分公司被处以责令停止发布违法广告，责令在相应范围内消除影响，并处罚款人民币10万元。此案例中并未对未成年人进行处罚。[①]

《广告法》第五十六条第二款、第三款分别针对关系消费者生命健康的商品或者服务的虚假广告及非关系消费者生命健康的商品或者服务的虚假广告中广告代言人的连带责任做出了规定，但未明确此处的广告代言人是否包括不满十周岁的未成年人广告代言人，那么，不满十周岁的未成年人广告代言人是否需要承担民事连带责任？是否应当按照《广告法》第五十六条第二款、第三款的规定承担民事连带责任？

首先，不满十周岁的未成年人代言虚假广告，造成消费者损害的，应当承担民事连带责任。《广告法》第五十六条第二款、第三款虽未明确规定本条款规定的广告代言人包括不满十周岁的未成年人广告代言人，但根据文义解释，广告代言人指的是满足《广告法》第二条第五款规定的广告代言人定义的所有主体。不满十周岁的未成年人以自己的

---

① 上海金红叶纸业违法广告案，（http://www.sgs.gov.cn/shaic/punish! detail.action? uuid=02e4817054e745750154f262f1de28a2），最后访问时间：2018年1月20日。

名义或者形象对商品、服务作推荐、证明的满足《广告法》规定的广告代言人的定义,因此,不仅第五十六条第二款、第三款适用不满十周岁的广告代言人,《广告法》中所有关于广告代言人的义务,比如真实代言、合法代言、未使用不得代言的义务,未成年人广告代言人均应履行,也即并不因为《广告法》禁止不满十周岁的未成年人作广告代言人的规定而使违反《广告法》作代言的主体免除其相关义务及责任。此外,即使广告代言人履行了相应的义务,由于广告代言人主体具有违法性,该广告依然为违法广告。

其次,不满十周岁的未成年人广告代言人应当依据《广告法》第五十六条第二款、第三款承担连带责任。

如前所述,不满十周岁的未成年人代言虚假广告,造成消费者损害的,应当承担民事连带责任。那么,其是否应当依据《广告法》第五十六条第二款、第三款的规定承担连带责任呢?特别是对于关系消费者生命健康的商品或者服务的虚假广告,其是否要承担无过错连带责任?有观点认为,如果对未成年人代言人的法律责任与成年代言人的法律责任不做区分,将无法保护未成年人的利益。这与现代社会中强调对未成年人利益的保护的理念不符。同时,从性质上来讲,因广告代言产生的责任难以归于危险责任,不应适用无过错归责原则。[①] 因此,认为未成年人对于其广告代言行为仅需承担过错连带责任,而无需承担无过错连带责任。

本书认为,不满十周岁的未成年人属于无民事行为能力人或限制民事行为能力人,根据《侵权责任法》第三十二条的规定,无民事行为能力人、限制民事行为能力人造成他人损害的,由监护人承担侵权责任。监护人尽到监护责任的,可以减轻其侵权责任。有财产的无民事行为能力人、限制民事行为能力人造成他人损害的,应从本人财产中支付赔偿费用。不足部分,由监护人赔偿。也就是说,不满十周岁的未成年人代言虚假广告造成消费者损害的,实际承担责任的主体为其监护人,并不存在对未成年人保护不足的问题,反而,如果将不满十周岁的未成年人代言虚假广告的归责原则与成年人广告代言人相区别,如不再实行

[①] 姚辉、王毓莹:《论虚假广告的侵权责任承担》,《法律适用》2015 年第 5 期。

无过错责任,则可能使其监护人放松"监护义务",在一些关系消费者生命健康的商品或者服务上,不再给予足够的关注,则《广告法》设置无过错连带责任以使广告代言人更加谨慎的代言关系消费者生命健康的商品或者服务的初衷将受到挑战。同时,这也是对于利用不满十周岁的未成年人代言广告的违法行为的一种放纵。因此,不满十周岁的未成年广告代言人应当依据《广告法》第五十六条第二款、第三款的规定对于关系消费者生命健康的商品或者服务承担无过错连带责任,非关系消费者生命健康的商品或者服务承担过错连带责任。

2. 集体广告代言人的责任承担

(1) 集体代言人的界定及特征

集体广告代言人,是指由不同个体成员组合起来的、具有一定知名度的集体。在我国的社会生活中,集体名人代言已经是较为普遍的现象,例如,中国体操队代言安利的纽崔莱产品,中国国家跳水队代言蓝月亮专用洗衣液等等。集体名人代言具有一些不同于个人代言的特征。[1] 首先,签约的主体通常为集体,如体育界集体名人由于其商业开发权通常属于有关体育管理中心或协会,因此签约主体通常为管理中心或协会。不过,也会有广告主和集体签约后,另与集体内部某个成员签署代言合同的情况,此时该代言人具有双重身份,既是集体中的成员又是独立的代言人;其次,集体代言收益集体分享。集体代言所获得的收益属于集体成员,特殊情况下,除集体代言成员获得收益外,集体内的其他成员也获有收益。例如对于国家对运动员商业开发活动的权益,在保障作为集体名人主要构成的运动员个人利益的基础上,还要体现教练员、相关管理人员、运动员输送单位等主体的利益。再次,集体代言中的某一成员离开并不当然导致集体代言合同的终止。如集体中的成员被调离或调整的,仅意味着该成员退出代言合作。[2]

(2) 集体代言人义务履行、责任承担问题

集体代言人代言商品或服务时,由组成这个集体的成员共同为代言

---

[1] 《国家体育总局关于对国家队运动员商业活动试行合同管理的通知》。

[2] 国家体育总局 2006 年 9 月 6 日发布的《国家 XXX 队运动员商业开发合同》(参考文本)。

产品作推荐、证明，那么，集体代言人履行代言义务时是否要求集体内的成员全部履行代言义务才意味着集体代言义务的履行？如果集体代言发生侵权行为，集体成员是否需要承担责任？

本书认为，因签约主体为集体，比如法人或组织，集体作为广告代言人应当履行代言义务、承担相应责任，个人作为集体的成员并不具有独立的主体资格，成员个人也并非广告代言人，不需要集体成员全部履行。当然，集体代言义务的履行依然离不开集体成员的履行，而能够代表集体的某个人的履行应当视为集体代言人义务的履行。同样，在责任承担方面，由于集体成员并不具有独立的主体资格，因此，集体代言发生侵权时，应当由集体代言人来承担责任。

此外，在对广告活动中集体名人进行法律规范时，有两个问题需要特别注意。其一是集体名人中个别成员不当行为的外部责任与内部责任问题。由于集体成员的不当行为（如吸毒嫖娼）影响整个集体名人的形象，从而损害广告主的合同利益，对此广告主可以追究整个集体名人的违约责任，集体名人不能以该行为是个别成员所为而免责。在集体名人对外承担法律责任之后，可以在集体内部关系上追究实施不当行为的个别成员的法律责任。其二是集体代言与多人代言区别的问题。在广告活动中，有时有两个以上的代言人为一个广告主做代言人，共同为广告主推荐或证明同一个商品或服务。在此种情形中，如果该两个以上的代言人不是以一个集体组织出现，则属于多人代言，每个人均为代言人，均应当履行广告代言人的义务，承担相应的责任。

四　小结

本章对广告代言人的认定、义务和责任承担进行了探讨。在广告代言人的认定上，广告代言须符合"以自己的名义或者形象为商品、服务进行推荐、证明"的要件，同时结合是否签署广告代言合同进行判断，实践中需要区分广告代言和广告表演，使相应的主体承担其应有的责任。在义务方面，全面分析了广告代言人的真实代言义务、合法代言义务以及未使用不得代言义务，并将其与"不得使用受益人、用户名义代言"的规定进行了比较分析。最后，从行政责任、民事连带责任的角度对广告代言人应当承担的法律责任进行了系统的介绍，并对未成年人代言人及集体代言人两类特殊主体的法律责任进行分析，希望对广告代言人的行为的认定、归责、追责等方面提供一定的参考，构建公平有序健康的广告行业环境。

第三编

专题：程序化购买广告

第一章 程序化购买广告的发展

美国《纽约时报》和英国《卫报》在2018年3月18日共同发布报道，曝光Facebook上超过5000万用户信息数据被一家名为"剑桥分析"（Cambridge Analytica）的公司不当获取，用于在2016年美国总统大选中针对目标受众推送广告，从而影响大选结果。虽然Facebook并未直接泄密用户资料，但在授权管理上存在巨大漏洞。受该丑闻影响，Facebook股价持续下跌，市值蒸发360多亿美元，同时还可能面临美国联邦贸易委员会的巨额罚款。当前，依靠数据分析进行广告的精准推送已经成为网络广告的主要投放方式之一，用户在社交网络上产生的大量数据恰好能够满足这种投放需求。但是网络广告的精准投放并非只是数据的买卖，而是一个涉及多个主体，广告创意化制作、数据分析、实时竞价、定向精准投放等多个环节的广告推送过程。

一　程序化购买广告简介

程序化购买广告对大多数用户来说是一个熟悉的陌生人。说熟悉是因为用户每天都能看到以程序化购买方式投放的广告，说陌生是因为很多人并不知道，在等待网页加载广告的一秒钟里，程序化购买生态圈中的多个平台已经完成了数次交易，而每个环节只有几十到一百毫秒的时间！程序化购买是一种新型网络广告交易模式，是伴随着中国互联网的发展而不断进化的。

随着网络产业的成熟以及网络用户规模的扩张，网络媒体的营销价值不断提升，网络广告投放需求也不断扩大。但是，面对网络广告流量的增长以及网民在媒体上消耗的时间、消费行为的碎片化，品牌广告主很难从海量的流量背后找到目标用户。因此，广告主迫切地需要在海量的数字营销资源中实现对目标用户的精准定位，充分利用长尾流量定位目标用户，提升营销效率。但是传统的媒体排期广告投放模式难以满足这种需求，也难以适应当前的媒体环境与用户习惯。在这种情况下，程序化购买模式作为代表数字营销领域规模化、精准化、程序化趋势的新营销方式应运而生。

程序化购买相比于传统数字营销媒介购买模式的优势在于：在每一个单一的展示机会下，把适当的广告在适当的情境提供给适当的消费者。这种方式对广告主而言可以只对那些他们想获取的目标消费者付费，从而提高了广告投资的回报；对媒体而言，可以获得更大的收益；对消费者而言，可以只看那些与他们的特定需求、兴趣和利益相关的广告。

国内程序化购买起源于2010年末。受到国外REAL TIME BIDDING（简称RTB）实时竞价广告的冲击与启蒙，国内营销企业纷纷部署RTB网络广告战略。2012年号称是中国程序化购买的元年，以品友互动为首的少数几个广告技术公司先后推出了自己的DEMAND-SIDE PLATFORM（简称DSP）需求方平台。同时，移动互联网的普及，也使得程序化购买广告在移动端发展迅速，进而推动了PC端和移动端的跨屏联动，程序化购买模式进入高速发展阶段。根据易观智库2016年4月份发布的《2016中国程序化购买广告市场年度综合报告》，2015年中国程序化购买广告运营商市场规模突破100亿元人民币，较2014年增长100.2%。近年来，程序化购买广告的市场认可度快速上升，与此同时，市场竞争也愈发激烈，市场洗牌与淘汰持续进行。马太效应进一步明显，综合实力较强的厂商得到了市场各方的认可，综合实力较弱的厂商在资金和业务等方面的压力攀升。

2017年1月5日，全球领先的移动互联网第三方数据挖掘和分析机构iMedia Research（艾媒咨询）权威首发《2016年中国程序化场景营销市场研究报告》。报告显示，2016年中国DSP广告投放市场规模预计将达235.0亿元，较2015年增长82.7%。艾媒咨询分析师认为，DSP可有效整合、优化和管理不同渠道的流量资源，极大简化媒体购买流程，并且基于DSP技术实现精准目标受众定位，从而帮助广告主理性定价。DSP这些优势成为其核心竞争力，随着DSP技术升级，未来市场仍将持续增长。

2016年9月1日生效的《互联网广告管理暂行办法》关注到了中国互联网营销市场中发展迅猛的程序化购买交易模式，并富有创造性地将其纳入调整范围，按照行业运营实际状况合理地分配各方的法律责任，在《广告法》的框架下为交易链路内的各方主体定性，为网络广告行业的行政指导和行政监管提供了明确的执法依据和指明了发展方向。

二　程序化购买广告的发展历程

网络广告以网民为投放目标，是广告主将宣传自身产品、品牌的广告投放在网络媒介中的行为。网络广告交易模式的发展经历了如下阶段：

（一）直销阶段

这一阶段大约是在1997年至2002年[1]，中国互联网处于发展早期，网络媒体、网民的数量不多，能够接受、信任网络媒体的宣传力的广告主也比较少。直销即媒体直接与广告主交易，售卖广告位。这一阶段主要是媒体网站建立直销团队，向企业推销其网站上的广告位。

（二）网盟阶段

网盟，即在线广告联盟（Ad Network），其主要功能是整合媒体资源，将之与广告主的需求相匹配，初步实现定向投放的效果营销。2003年，百度成立百度联盟及百度主题推广，是中国在线广告联盟发展的重要开端。

随着网络媒体类型不断丰富，广告主面临的选择增多，需求也不断扩大。某一广告主在互联网上投放广告时，可能需要同时投放多个不同的媒体并进行统一的管理，如果每一次都和不同媒体对广告投放的时间、效果和形式进行商议和谈判，将会耗费大量的时间和精力；对于媒体方来说，如果网站太小，没有知名度或者没有专业的销售人员，就会导致没有人来

---

[1] 梁丽丽：《程序化广告个性化精准投放实用手册》，人民邮电出版社2017年版，第2页。

购买广告位。网盟正是为应对广告主和媒介方的这种隔阂和需求而出现的,通过整合媒体流量资源进行统一营销,使得广告主能够进行统一管理,按照媒体类型、流量状况进行定向投放,并根据效果修改投放策略,也能使媒体的剩余流量变现。

(三) 程序化购买阶段

如前所述,程序化购买广告在中国出现于 2010 年末,首先出现的主体就是广告交易平台(Ad Exchange,简称 ADX),ADX 主要采用一种叫作实时竞价(Real Time Bidding,简称"RTB")的售卖方式,能够在极短的时间内对某一广告位资源进行竞价,出价最高的广告需求方将获得展示机会。2011 年 9 月,阿里巴巴发布面向全网的广告交易平台 TanX,标志着中国程序化交易市场开始萌芽。[①] 随后谷歌正式宣布在中国推出 DoubleClick Ad Exchange,腾讯、新浪、盛大、秒针和优酷土豆、百度等广告交易平台纷纷涌现,Ad Exchange 的兴起为程序化购买的快速发展奠定了基础。

随后,主要服务于广告主的需求方平台(Demand-Side Platform,简称 DSP)出现并迅速崛起,DSP 通过实施数据分析进行广告的购买、投放,并形成报表供广告主使用。2013 年之后,随着 DSP 投放技术的愈发成熟,市场竞争也日益激烈。网络广告交易在技术和数据的支持下,进入了按受众购买的广告模式和实时竞价的阶段。

三 程序化购买广告的发展方向

程序化购买是以网络技术和数据为基础的广告交易模式,这种模式的兴起建立在中国互联网高速发展的大背景之下,契合了广告投放精准化、灵活化的需求,满足了媒体剩余流量变现的利益渴望,因而得到了快速的发展。未来程序化购买交易模式将随着移动端 DSP 的发展,实现跨屏联动,向程序化场景营销的纵深方向发展,同时也面临着产业链升级的考验。

[①] 梁丽丽:《程序化广告个性化精准投放实用手册》,人民邮电出版社 2017 年版,第 4 页。

(一) 进一步实现广告投放的跨屏联动

所谓广告投放的跨屏联动，是指实现广告在 PC 端、移动端和其他数字媒体的联动投放，全方位吸引用户注意力，提升广告投放效果。目前，PC 端对程序化购买广告的投放已经渐趋成熟，移动端正处于快速发展阶段。事实上，移动端与用户的关系更加紧密，便于程序化购买广告对用户的识别和定位，在宣传效果上具有天然的优势。[1] 未来的发展方向是打通 PC 端、移动端和 OTT 等数字媒体三维端口的数据，创造更为多样的交易模式，推动跨屏类广告平台和媒体的加速发展。[2]

(二) 向程序化的场景营销发展

程序化购买交易模式能够通过精准的定向技术将广告投放给最有需求的用户，而用户需求的分析需要依赖场景进行。所谓程序化场景营销，是指"基于程序化购买和定向技术，以场景为载体，引导用户需求，为广告主提供因地制宜、因人而异的营销机会，能够使场景化营销更高效、智能、精准，满足用户个性化体验"[3]。用户场景由四方面因素组成，时间、地点、行为和连接，连接因素是非常重要的一个场景，用户和端口的结合才能触发数据分析，为广告投放建立基础。

(三) 产业升级、优化

未来程序化购买广告市场面临着产业升级的问题，在技术、服务和产业协作方面都需要升级，这是行业发展的必然趋势。在市场竞争中，新型广告资源、媒体资源不断涌现，投放方式和展现方式也将优化提升。目前主流的广告资源包括图片、视频等，未来 VR 模式也将大放光彩；以视频为代表的优质资源将加深参与程序化购买广告的程度；电视剧创意中插广告等新的广告模式发展迅速。

---

[1] 易观智库：《中国程序化购买广告市场年度综合分析 2017》，第 6 页。
[2] 易观智库：《中国程序化购买市场专题研究报告 2015》，第 14 页。
[3] 艾媒咨询：《2016 年中国程序化场景营销市场研究报告》，http：//www.iimedia.cn/47519.html，最后访问时间：2018 年 9 月 25 日。

第二章 程序化购买广告的概念和平台构成

目前，程序化购买广告已渗透到互联网的各个角落，用户打开网站时一般都能看到一些"恰好"满足自身需求的广告，这就是通过程序化购买交易方式实现的。

一 程序化购买广告的概念

程序化购买广告交易模式通过数字化、自动化、系统化的方式改造广告主、代理公司、媒体平台，进行程序化对接，帮助其找出与受众匹配的广告信息，通过程序化购买的方式进行广告投放，并实时反馈投放报表。程序化购买广告把从广告主到媒体的全部投放过程进行了程序化投放，实现了整个数字广告产业链的自动化，是高度定向、高效自动化的过程。简单来说，程序化购买广告就是基于自动化系统（技术）和数据来进行的广告投放。与常规的人工购买相比，程序化购买可以极大地改善广告购买的效率、规模和策略。

程序化购买广告作为网络广告，改变的不仅仅是广告信息的承载媒介，更多的是改变网络广告的展现逻辑和触发机制。传统的网络广告生态链一般最多只有三方，分别是广告主、广告代理商（即广告经营者）以及网络媒体（广告发布者）。而在程序化购买广告交易模式中，原有的广告生态链发生了变化，整个生态链包括广告主、DSP、广告交易平台以及SSP和网络媒体等多个主体。广告主将自己的广告需求上传到DSP平台上，网络媒体将自己的广告流量资源统一到SSP平台，DSP通过与广告交易平台的技术对接完成竞价购买，并通过SSP投放到某一具体网络媒介资源。

程序化购买有如下特征：

首先，程序化购买中各方主体被数字化、系统化处理，真正"参与"广告制作、交易和投放的是一个个数字化的平台。在程序化购买交易模式中，广告主提出需求，DSP 负责制作和投放广告，ADX 负责实时竞价，媒介方平台（Supply-Side Platform，简称 SSP）负责发送每一次的曝光机会，数据管理平台（Date Management Platform，简称 DMP）负责处理交易所需的数据。四个平台互相配合，共同实现广告的交易。

其次，程序化购买的交易过程是由系统自动实现的，处理时间以毫秒为单位。实时竞价（Real Time Bidding）是一种利用第三方技术在数以百万计的网站或移动端针对每一个用户展示行为进行评估以及出价的竞价技术，它可以帮助广告主提升广告投放的精准度，降低网络广告的无效预算，从而减少成本浪费。实时竞价是 DSP、广告交易平台等在网络广告投放中采用的主要售卖方式，它们在极短的时间内通过对目标受众竞价的方式获得目标广告的展现，用于购买广告交易资源，无论在 PC 端或是移动端均可以实现。RTB 相关技术的不断发展和大数据的分析利用提高了推荐服务的精准性，帮助用户过滤海量网络信息，使得网络用户免费享受个性化推荐的便利服务。用户浏览器上特殊位置的广告是根据其信息而推送的，用户所看到的广告内容已经不仅仅是广告了，而是根据其个人信息与兴趣而展示出的一条有用的信息。这个分析数据并"定制化"推送广告的过程看起来复杂无比，但却在一瞬间就完成了。这就是程序化的智能之处，它能够让广告展现在你面前的时候，你并不觉得这是一条广告，而是与你的生活兴趣息息相关的一条可用信息，也就是让恰当的广告在合适的时间出现在正确的人面前。

在采购方式上，广告主购买的不再是广告位，而是每一个用户个体。每个人的关注点都不同，因此每个人看到的广告也可能完全不同，同一个广告位展出的广告可能属于不同的广告主，同一个广告主的广告也会在不同的广告位上被展出。对于广告主来说，每条广告的出现都是有效的，从理论上来说可以节省很多广告费。但同时，这些不确定的广告位、不确定的排期以及不确定的价格，也会让广告主的心里产生许多顾虑。因为这些不确定，广告主事先无法了解到自己的广告位具体在哪里，不知道到底有多少兴趣用户看到了自己的广告牌，也不知道收取了广告费的流量是否真实。

下面以程序化购买中最为常见的交易方式 RTB 来说明程序化购买广告的交易过程：

1. 网络用户访问一个拥有 RTB 资源位的网页页面，向媒体发起访问请求；

2. SSP 平台代表媒体将此次曝光的属性，如物料的尺寸、广告位出现的 URL 和类别、用户的 Cookie ID 等，发送给 ADX；

1. ADX 向多家 DSP 同时发起曝光竞价请求；

3. DSP 接收到该竞价请求之后，在得到用户允许的情况下，DMP 会分析用户的身份背景、兴趣爱好、所在地点等，分析匹配结果连同广告位的具体信息被发送给 DSP，DSP 会根据相关数据决定竞价策略，如果决定竞价，就把竞价响应发送回 ADX；

4. ADX 集齐 DSP 报价后进行广告位拍卖，把出价最高的 DSP 代表的广告主的广告迅速输送到用户的浏览器中；

5. 用户浏览页面，就看到了页面中的广告，广告得以曝光。

从用户访问、竞价到完成投放，这一系列的过程一般仅需 100 毫秒左右，全部依托机器完成。以腾讯 ADX 为例，一个曝光从发生到实时竞标，直到最后获胜广告展示的全过程如下：

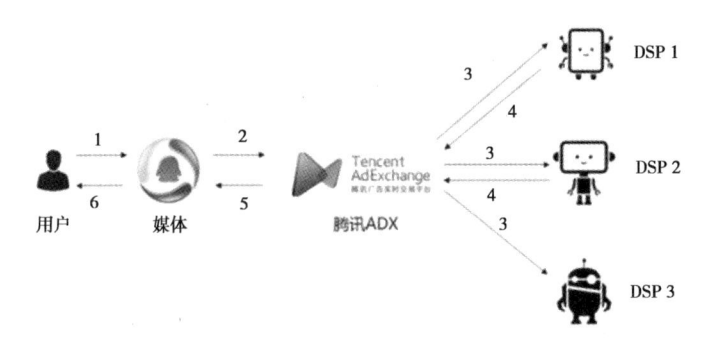

图 3-2-1　广告展示全过程

最后，程序化购买通过对用户数据进行挖掘、分析，实现广告投放与受众的高度匹配。事实上，从广告的本质来说，广告是一种信息传递，产品的生产者通过一定的媒介将产品的样态、质量、产地和功能等信息向大众传播，最终目的是为了树立或改变人们对广告商品的态度，进而诱发其购买行为。只有向那些有此类需求的受众传递广告，才最有可能实现"诱发行动"的目的。在程序化购买交易中，DSP通过对每一次曝光背后的用户购物、社交、搜索等数据进行挖掘和分析，判定该用户对何种产品或服务具有需求，然后制定竞价策略以及制定广告推送投放。程序化购买广告能够实现针对每一个用户的每次点击，依据场景进行独立判断，最大限度地加强广告投放的精准性。

综上，程序化购买广告（Programmatic Buying）是数字化平台参与的由系统自动进行销售的能够最大化匹配广告商品和受众需求的网络广告交易方式。

对于品牌广告主来说，他们期待得到最好的广告位、优先的排期、相对让人放心的固定价格以及广告位的绝对使用权。可这些仍然都是传统的人力购买媒体的方法——事先选择广告位、确定投放的时间、协商价钱、投放后观察效果。由此可见，广告主内心还是无法放下那种透明的、能让他们实时看见的传统广告交易模式。那么有没有一种方法能够让这种类似传统的广告交易方法实现程序化？答案是肯定的，那就是程序化的新生代平台——私有交易市场（Private Market Place，简称PMP）。与此同时，除了实时竞价这种公开交易方式之外，程序化购买还能够提供非实时竞价模式（Non-RTB），即基于传统购买的媒体资源，进行程序化购买的优化，包括私有程序化购买（Programmatic Direct Buying或Premium DirectBuying，简称PDV，是把广告主常规购买的保量的优质媒体资源，利用程序化购买的方式进行人群定向等多维度定向的广告投放，无论RTB或PDB模式都需要DSP的系统作为实现投放的桥梁）、优先交易（Preferred Deals，简称PD，优先交易与PDB的区别在于前者的广告资源具有一定的不确定性，广告位的展示量不能预先保证）、私有竞价（Private Auction，简称PA，私有竞价是媒体把较受广告主欢迎的广告位置专门拿出来，放到一个半公开的市场中进行售卖，供有实力的广告主们竞价，价高者得）等私有交易方式。实时竞价模式与非实时竞价模式的区别是是否竞价以及广告位是否预留。不同的程序化购买方式能够覆盖广告主的不同需求，广告主可以按照自身需求选择。[①]

[①] 后文如未特别指明，程序化购买广告一般指的是以实时竞价方式交易的网络广告。

二 程序化购买的平台构成

程序化购买广告产业链的参与者有：广告需求方，包括广告主和广告代理商；需求方服务平台，包括 DSP 和采购交易平台（Trading Desk）；流量供应方，包括媒体网站、移动端 APP、广告网盟 Ad Network；流量方服务平台，即 SSP；广告交易平台，即 ADX；广告服务和数据管理平台，包括程序化创意平台（ProgrammaticCreative Platform，简称 PCP）、广告验证平台（Ad Verification Platform，简称 AVP）、数据管理平台（Data Management Platform，简称 DMP）、监测分析平台（Measurement & Analytics Platform，简称 MAP）。对于程序化购买而言，最为重要的是以下四个平台：

（一）需求方平台（DSP）

DSP 是程序化购买广告的核心环节，DSP 代表广告主进行广告竞价投放。需求方平台为广告主提供跨媒介、跨平台、移动终端的广告投放平台，通过实时的数据整合和分析实现基于受众的精准投放以便进行购买、投放广告，并且不断优化实时监控、形成报表。区别于传统的广告网络，DSP 不是从网络媒体那里包买广告位，而是通过广告交易平台实时竞价的方式获得对广告进行曝光的机会。DSP 的主要功能包括：1. 整合、分析数据，依据受众的人群分析精准投放广告；2. 通过 SSP、ADX 或 Ad Network 接入媒体资源，帮助需求方进行跨媒介、跨平台、跨终端的广告投放，并对不同的媒体资源进行规划和预算分配；3. 对广告投放效果进行实时监测及优化，并向需求方提供报表。广告主、广告代理商可以通过 DSP 平台提供的统一界面管理多个数字广告和数据交换账户。

需要注意的是，DSP 为用户提供了开放的服务类型，需求方可以根据自身广告投放需求，选择利用不同的服务类型。这些服务类型有：1. 软件即服务（Software-as-a-Service，简称 SaaS），其产品形态即软件，需求方使用 DSP 可以自运营或者托管运营服务。自运营指需求方利用 DSP 平台自行进行广告投放管理及优化，托管运营指由 DSP 平台指定专门人员负责需求方的广告投放管理及优化。2. 平台即服务（Platform-as-a-Service，简称 PaaS），其产品形态是平台，需求方会用到 DSP 提供的数据、算法等来制定广告投放策略，整合投放需求。3. 基础设施即服务（Infrastructure-as-a-Service，简称 IaaS），其产品形态是基础设施。需求方利用的是 DSP 提供的技术模块。从托管运营到仅适用技术模块，需求方对 DSP 服务的应用依赖性逐渐减弱。

（二）广告交易平台（ADX）

ADX 是汇聚各种媒体流量的大规模交易平台，是 DSP 实现受众精准购买的交易场所。ADX 充当的是在线广告交易市场的角色，用于连接 DSP 和 SSP 进行广告的交易、竞价、匹配和结算等业务，主要采用实时竞价模式。按照广告位资源的来源范围可以将 ADX 分为开放式的公有广告交易平台与封闭式的私有广告交易平台（Private AdExchange）。两者的主要区别在于，开放式广告交易平台是一个开放的、能够将媒体和广告主、广告代理商联系在一起的在线广告市场（类似于股票交易所）。公有平台上的广告位资源来自不同媒体，其运营商以能够网罗大量媒体资源的网络巨头为主；而私有平台上的广告位资源通常是以一家媒体或一家广告网络的广告资源为主，其运营商主要以大型门户和视频网站为目标——这些网站更倾向于搭建私有交易平台，单独出售自己的广告位资源，以提升对自有媒体资源的控制，是介于广告交易平台和 SSP 之间的模式。

（三）媒介方平台（SSP）

与 DSP 相对，SSP 服务于供应方，帮助媒体对自身不同的广告位进行管理。具体而言，它是帮助网络媒介资源主体进行流量分配管理、资源定价、广告请求筛选，为媒体的广告投放进行全方位的分析和管理的平台，使其可以更好地进行自身资源的定价和管理，优化营收。SSP 是媒体优化自身收益的工具，一般来说一个媒体会采用多个 SSP 来管理、销售自身流量，使每一个流量，尤其是剩余流量都能达到最大的收益，但是 SSP 并非媒体优化营收的必选项。理论上由 SSP 负责对接媒体，然后对接进入 ADX，但是现在 SSP 的功能基本与 ADX 一致，DSP 可以通过 API 对接 ADX 或直接对接 SSP，实现广告的程序化购买。① 这种趋同性源于中国网络广告市场的特殊情形，各家媒体倾向于直接绕过 SSP 与 AdExchange 连接。

（四）数据管理平台（DMP）

数据是程序化购买的两大基石之一，是广告投放受众群精准定向的基础。DMP 通过将各种来源的数据进行规范化、标签化管理，提供全面深入的数据洞察和智能管理，指导广告主进行广告优化和投放决策。具体而言，DMP 可以实现收集、存储、集中、分析、挖掘以及运用原先隔离而分散的数据，建立全方位的、更加精确的人群标签和用户画像，从而使得广告主能够更加精准地投放广告，帮助广告主形成基于人群投放并获得更高效果转化的有效指导，获得更好的广告收益。数据管理平台服务于广告主和 DSP，DSP 可以导入 DMP 的数据用来补充、丰富自有数据，广告主可以用 DMP 的数据对 DSP 的投放进行检验，调整广告投放策略，优化投放收益。

程序化购买各方主体之间的关系可以用下图②来说明。

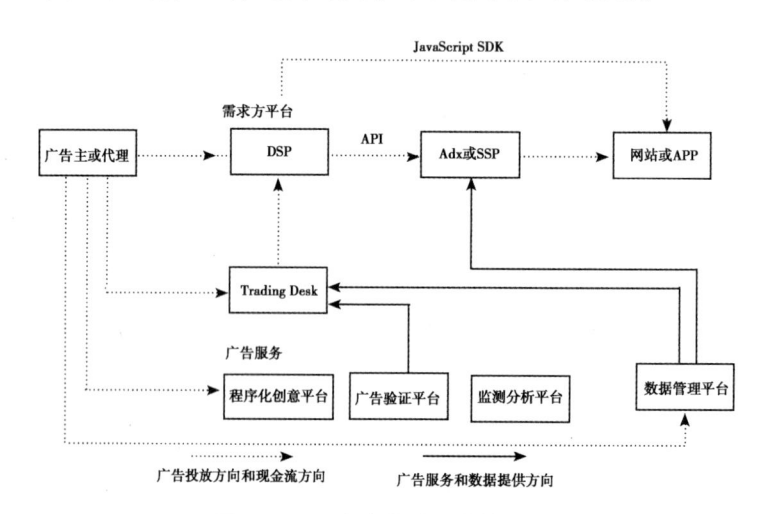

图 3-2-2　程序化购买主体关系

---

① 梁丽丽：《程序化广告个性化精准投放实用手册》，人民邮电出版社 2017 年版，第 29 页。
② 图片来源：http://www.rtbchina.com/sunteng-biddingx-publish-2017-programmatic-guide-book.html，最后访问时间：2018 年 9 月 25 日。

需要注意的是，上述平台的划分并不代表这些平台之间是相互割裂的，事实上，在中国程序化购买广告的市场环境中，很多网络企业会同时布局上述平台中的一个或多个，这与当前程序化购买广告交易模式尚处于快速发展阶段相关。

图 3-2-3 中国程序化广告技术生态图

从上图①中可以看出，ADX 平台的运营商往往也同时运营产业链上的其他产品，如 DSP、DMP、SSP 等，而且同一家运营商运营的 DSP 和 ADX 之间并无绑定关系，这些 DSP 既是其自有的广告交易平台上的重要参与者，也是其他广告交易平台上的参与者。比如，百度作为搜索引擎行业的领头羊，已构筑起以百度 DSP、SSP 为核心的完整的程序化购买生态，吸引大量业界第三方 DSP、监测等伙伴紧密合作。腾讯也拥有腾果、广点通、Tencent AdExchange、Tencent Social Ads 等平台用以程序化广告的营销和投放，阿里巴巴则在其以运营广告为主的阿里妈妈平台下，输出 TanX、AFD 和达摩盘等 RTB 相关产品。事实上，这些产品从

---

① 图片来源：RTB China，http：//www.rtbchina.com/china-programmatic-ad-tech-landscape。

性质上不能单纯地定义为是 DSP、DMP、SSP 或 ADX，而是一种具有综合性功能的平台，涉及从分析广告主需求到最终广告投放的全过程。BAT 都是拥有大量网络媒体资源的企业，这就导致企业在网络广告行业中既是裁判者（广告交易平台），又是运动员（DSP），有可能会出现违背公平原则的局面。

第三章 各方主体法律责任的分配

在对程序化购买广告交易模式的法律问题进行研究时，首要的问题是各方主体责任如何分配。我们知道《广告法》规定了四种广告主体：广告主、广告经营者、广告发布者和广告代言人。那么，在程序化交易广告中，谁是广告经营者和广告发布者？能否将媒体直接认定为广告发布者？其他平台是否承担责任以及承担何种责任？都是值得研究的。本章将结合《广告法》《互联网广告管理暂行办法》《网络安全法》《消费者权益保护法》等法律、法规的相关规定分析上述问题。

一 广告主、广告发布者、经营者的责任分配

（一）网络广告内容审核的责任分配

如何定义程序化购买中的各个角色以及划分责任，是《互联网广告管理暂行办法》立法过程中的重点、难点和亮点。《暂行办法》第十条到第十二条对广告主、广告经营者和广告发布者的规范经营提出了责任要求。科学划分广告发布者和广告主的审核责任，首先要界定网络广告内容的内涵和外延。根据《暂行办法》第三条"互联网广告是指通过网站、网页、互联网应用程序等互联网媒介，以文字、音频、视频或者其他形式直接或间接地推销商品或服务的商业广告"，对于付费搜索广告来说，广告内容仅应包括其抓取的包含关键字的标题、商标、图案以及描述（行业内称"广告创意"），而并非点击标题链接后跳转的落地页（业内称"物料指向页面"）；对于展示类广告来说，广告内容也仅应包括在媒体上展示的包含文字、音频、视频在内的广告素材（业内称"广告物料"），而不包含第一次跳转乃至第二次继续跳转后的落地页。

因为物料指向页面通常是广告主官网或者二级域名网页等，系属广告主的网站，并不等同于广告发布者发布的广告。广告主委托广告发布者进行推广的目的是通过广告物料的展现吸引用户访问广告主自己的网站、APP 等经营媒介，任何网站、APP 都有可能给自己做广告，但是并不能因此说广告主自己的网页就成了广告发布者发布的广告，否则，互联网上任何广告主的网站、网页、APP 都成了广告内容，这将导致广告这一特殊的信息无法与其他一般信息进行区分。在下文 DSP 法律责任部分本书也会结合例子论述此问题。

（二）广告经营者、广告发布者审核广告内容的责任边界问题

2015 年 9 月 1 日实施的《广告法》中规定，经营者、发布者应承担"查验……核对"责任（具体详见本书第二篇第二章），然而在网络广告生态下该规定指的是核对广告物料中对商品或服务的描述是否与广告主真正提供的产品或服务相符，还是与广告物料指向链接中所描述或展现的内容相符，并未找到明确的法律依据。

（三）程序化购买情境下的主体认定规则及责任划分思路

在传统广告模式中，广告主、广告经营者和广告发布者商业模式简单清晰，非常容易分辨。然而，在复杂的网络广告生态中，一般受众可能认为精准推送一条广告与发送一条短信并没有什么区别。其实，一条网络广告背后的产业链条已经变得空前的复杂，每一个类型的主体都有数量庞大的同行提供着细分服务，并且不断地演变成新的服务模式。

《暂行办法》征求意见稿曾试图采用根据存储行为来认定广告发布者的思路，其第五条规定："符合下列情形之一的广告主、广告经营者、广告代言人、互联网信息服务提供者，同时为互联网广告发布者：（一）对互联网广告内容具有最终修改权、决定权的；（二）发布存储于本网站的广告信息的网站经营者；（三）在自设网站自行发布广告的广告主；（四）本办法第十二条规定的利用他人互联网媒介资源，发布存储于本网站的广告信息的广告经营者。"也即，遵从"谁存储，谁负责"的原则来认定广告发布者主体责任。存储素材的广告活动主体能够

控制、决定以及修改广告内容,因而由这类主体承担广告发布者责任的规则是具有合理性的。然而,这种设置的弊端在于:首先,经过调研发现,实践中在程序化购买的情境下多个主体都有存储,每条网络广告物料的存储情况较为不确定。比如对于视频类的广告物料,考虑到流畅度、质量度和大小格式、推送速度等因素,很多媒体自身会存储广告物料;有些业内有名、认可度较高的广告信息交换平台会因为被信任而存储、审核媒体应存储的广告物料。因此,执法部门如何在复杂的广告投放链条中找到并证明是哪些主体存储的是一个执行层面会遇到的问题。其次,因为管辖的新增规定(如下文论述)很可能会导致违法广告的行政监管处罚的增加进而影响到广告活动主体的信用公示、业务运营,所以广告活动的主体很可能为了规避这些法律风险而选择尽量不存储审核素材甚至设立"马甲"公司来存储素材,这样会降低广告物料质量及展现速度,降低用户体验,长远来看对行业发展和用户利益不利。最终,对于互联网广告发布者的认定采用了认定推送或者展示网络广告,并能够核对广告内容、决定广告发布的主体为互联网广告发布者的逻辑。

《暂行办法》第十一条规定"为广告主或广告经营者推送或者展示互联网广告,并能够核对广告内容、决定广告发布的自然人、法人或其他组织,是互联网广告的发布者",其中包含两个要素,一个是"推送或展示",另一个是"能够核对、决定广告发布"。那么在经营广告信息交换平台、媒介方平台等非典型广告发布者、广告经营者的业务模式中,如果符合本条款上述两个要素,是不是也会被认定为网络广告发布者并应当承担相应的责任?这一点值得思考。

《暂行办法》首次认定了推销商品或者服务的付费搜索广告属于网络广告,那么按照《暂行办法》第十一条来分析,搜索引擎服务提供商是不是就必然属于网络广告发布者呢?因关键字购买而展示的抓取内容是否为广告内容?在付费搜索广告中,展示的文字是由广告主撰写,而真正触发广告推送到用户面前的动作是用户的搜索行为,如果用户不搜索相关关键字,付费搜索广告是不会曝光展示给用户的。从这个角度来看,搜索引擎服务提供商是否应该承担网络广告发布者、广告经营者的责任存在可以讨论的空间。

下面我们针对程序化购买的四大主要主体逐个阐述其相应的法律责任。

二　需求方平台的法律责任

根据《暂行办法》的规定，广告需求方平台的经营者是网络广告发布者、广告经营者。从程序化购买广告交易的过程来看，由于交易广告的时间被大幅度缩短，媒体接到用户的访问请求到确定出价最高的广告主的广告并予以展示的过程是由程序自动进行的，媒介方平台所做的仅仅是发送用户等相关信息给广告交易平台供其竞价使用。虽然广告最后被发布在了流量供应方成员的平台上，但是媒介方并没有权利选择广告主和广告，事实上是 DSP 平台制定定价策略、决定广告发放。因此，DSP 平台的经营者应该被定义为广告发布者。

至于广告经营者，根据《广告法》的规定，广告经营者是指"接受委托提供广告设计、制作、代理服务的自然人、法人或者其他组织"。由于 DSP 提供的是一种开放的服务类型，只有广告主选择 SaaS 服务且托管运营时，DSP 才充当广告经营者的角色，而不能一概而论地将所有的 DSP 平台的经营者均认定为广告经营者。

根据当前法律规定，需求方平台经营者作为广告发布者和广告经营者时应当承担如下责任：

（一）在网络广告活动中订立书面合同

《暂行办法》第九条规定："互联网广告主、广告经营者、广告发布者之间在互联网广告活动中应当依法订立书面合同。"这就表明网络广告合同是要式合同，需求方平台经营者与广告主、程序化购买其他参与方订立网络广告合同时应当采用书面形式，并查验合同相对方的主体身份证明文件、真实名称、地址和有效联系方式等信息，建立登记档案并定期核实更新。

（二）标明广告来源

《暂行办法》第十三条第二款规定："以程序化购买广告方式发布

的网络广告，广告需求方平台经营者应当清晰标明广告来源。"标记来源的主要目的是为了清晰广告发布主体，明确是哪一个需求方平台提供的广告，方便后续责任的承担。但是，本书通过考察目前网站中的广告发现，实践中并未统一广告来源的清晰标示。以下以页面①链接中的广告为例来说明：

1. 下图中的广告由百度提供。广告中仅标示了百度的 logo，将鼠标广告置于广告图片上时，会显示"以上内容由百度为你推荐"字样，点击图片后进入百度搜索页面，搜索关键词是"保健按摩"。

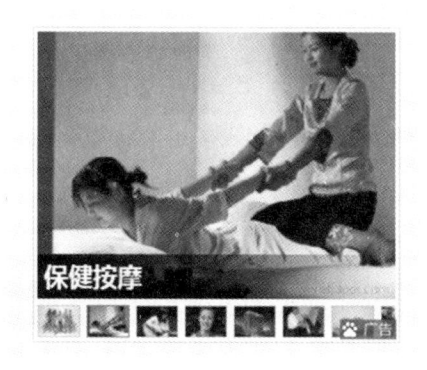

2. 下图中的广告由悠易互通提供。广告在两幅图片之间切换，点击图片后进入澳大利亚官方旅游网站。

---

① ttp://sports.sina.com.cn/others/volleyball/2018-02-03/doc-ifyreyvz8822800.shtml 访问时间：2018 年 2 月 4 日 11：01 AM。

3. 下图中的广告提供方并未明确标示，用户需要把鼠标光标置于"广告"二字上，才能看到该广告是由谷歌（Google）提供的，点击图片之后进入京东热卖的相关页面。

上述三个广告均对发布该广告的 DSP 名称进行了标注，但是标注的方式并不尽统一。可见《暂行办法》中所谓的"清晰"标准目前并未得到统一的实践，这需要官方出具相应的解释来说明。从用户观感的角度来说，字体过小、颜色过浅、广告标记与广告内容本身反差程度小、不直接显示广告主名称等因素都会导致"不清晰"的情况出现，但是从监管或维权的角度来说，只要进行了标记，能够找到对应的广告发布者，就可以基本满足需求。据了解，现在有关广告监管机关正在制定网络广告业务管理规范及相关技术标准，期待有进一步落实"清晰"标准的技术层面的规范出台,从而降低消费者及监管机关从最终广告内容中判断交易路径的难度。

(三) 建立广告主、广告业务的管理制度

《暂行办法》第十二条规定:"互联网广告发布者、广告经营者应当按照国家有关规定建立、健全互联网广告业务的承接登记、审核、档案管理制度;审核查验并登记广告主的名称、地址和有效联系方式等主体身份信息,建立登记档案并定期核实更新。互联网广告发布者、广告经营者应当查验有关证明文件,核对广告内容,对内容不符或者证明文件不全的广告,不得设计、制作、代理、发布。互联网广告发布者、广告经营者应当配备熟悉广告法规的广告审查人员;有条件的还应当设立专门机构,负责互联网广告的审查。"《暂行办法》第十五条规定:"广告需求方平台经营者、媒介方平台经营者、广告信息交换平台经营者以及媒介方平台的成员,在订立互联网广告合同时,应当查验合同相对方的主体身份证明文件、真实名称、地址和有效联系方式等信息,建立档案并定期核实更新。"

根据上述规定,DSP 平台发布广告应当建立相应的管理制度,对广告主和广告内容进行审核:

1. 管理广告主:审核查验并登记广告主的名称、地址和有效联系方式等主体身份信息,建立登记档案并定期核实更新。

2. 审查广告:应当查验有关证明文件,核对广告内容,对内容不符或者证明文件不全的广告,不得设计、制作、代理、发布。

对于 DSP 审查广告的义务,如上述,有一个特殊问题需要注意。网络广告一般以链接形式出现,在上面列举的三个例子中,用户都可以通过点击图片进入广告页面。那么,一旦广告主或广告代理商对广告页面中的内容进行了变更,变更之后的内容与广告不相符的,DSP 对此是否需要承担责任?以悠易互通提供的广告为例,假设澳大利亚官方旅游网站对机票价格进行了变更,广告展示页面却未做变更,由此产生的法律责任应如何分配?根据《暂行办法》第十条第四款的规定,即"互联网广告主委托互联网广告经营者、广告发布者发布广告,修改广告内容时,应当以书面形式或者其他可以被确认的方式通知为其提供服务的互

联网广告经营者、广告发布者。"如果澳大利亚官方旅游网站未将机票价格的变更以书面形式通知悠易互通的，悠易互通无须为因变更导致的违法情况承担责任。

责任的承担需要在因果关系范围之内，在侵权责任的相关理论中，损害赔偿的因果关系受到可预见性规则的限定，加害人仅对自己能够遇见到的结果承担责任，对于自己不能够预见到的结果不承担责任。[①] 在认定 DSP 平台对违法广告的责任承担中，也可以引入可预见性规则作为限定，避免给 DSP 平台施加过重的法律责任。倘若违法广告是链接类型，且存在多层链接，仅在最后一层链接中出现违法情形，那么此时需要考量 DSP 平台对这种违法情形是否能够预见，如果答案是否定的，则不应让其承担责任。

（四）建立网络信息安全保护制度

DSP 在制定广告竞价策略时，依据的是广告主需求与用户的匹配度。只有把广告投放给那些对该广告产品有需求的用户，才能实现广告的目的。因此，DSP 平台挖掘大量的数据进行人群分析，这些数据可能来自用户在社交网络、购物平台、搜索引擎中的行为，也可能来自用户的线下行为。广告程序化场景营销追求的是对用户数据的全方位把握，最大化提高广告投放的精准性，于是更大程度、范围的用户数据将被 DSP 平台掌握。DSP 平台对用户数据的收集和使用不是随意的、无限制的，其必须受到法律的规范。

根据《网络安全法》第四十条、四十一条和四十二条的规定，网络运营者在收集、使用个人信息时应当遵守如下规定：

1. 遵循合法、正当、必要的原则，公开收集、使用规则，明示收集、使用信息的目的、方式和范围，并经被收集者同意；

2. 不得泄露、篡改、毁损其收集的个人信息；

3. 对收集的用户信息严格保密，并建议健全用户信息保护制度，未经被收集者同意，不得向他人提供个人信息；

[①] 张继承、邓杰：《论可遇见规则在侵权责任法中的适用》，《时代法学》第 14 卷第 4 期。

4. 采取技术措施和其他必要措施,确保其收集的个人信息安全,防止信息泄露、毁损、丢失。

DSP作为网络运营者之一,应当严格遵守上述规定中对用户个人信息收集、保管、使用的要求,不得收集与其提供的服务无关的个人信息,不得违反法律、行政法规的规定和双方的约定收集、使用个人信息,应当依照法律、行政法规的规定和与用户的约定处理其保存的个人信息。为了更好地保护用户数据,DSP平台应当建立网络信息安全保护制度,对所收集到的信息实施严格地保密处理,在发生或者可能发生个人信息泄露、毁损、丢失的情况时,应当立即采取补救措施,按照规定及时告知用户并向有关主管部门报告。

三 媒介方平台的法律责任

前文中我们已经提到,目前中国独立的SSP并不多,且程序化购买交易市场存在SSP和ADX融合或功能一致的趋势。在这一行业背景之下,媒介方平台的责任集中在对其平台成员的管理上。

(一) 审核需求方平台、广告交易平台和媒介方平台成员的资质

根据《暂行办法》第十五条第一款的规定,媒介方平台在订立互联网广告合同时,应当查验合同相对方的主体身份证明文件、真实名称、地址和有效联系方式等信息,建立档案并定期核实更新。网络程序化购买广告中参与方较多,且多通过电子平台在线操作进行,各方身份信息很难固定为证据使用。为了避免因此导致的违法广告责任主体难以明确的问题,《暂行办法》首先规定网络广告应当采取书面形式订立,其次施加给程序化购买各方主体订立合同时的审核义务。媒介方平台作为链接广告发布者和广告发布载体的重要中间环节,在实践中应当严格遵守上述规定,便于后续问题的监管和处罚。

媒介方平台对其成员进行身份、名称、地址等信息的核验,建立档案并定期核实更新的情况,也是媒介方平台管理成员、优化资源的重要方式。广告收入在网站整体盈利模式中占有重要的位置,盗版网站和

"三无"网站也不例外,大部分也是通过或谋求通过广告收入来维持运营的。如果媒介方平台对相对方的身份及相关信息进行核验、档案管理,那么,就能在客观上排除与信息不齐全、主体多变的盗版、"三无"网站的合作,保留那些在ICP正常备案的、具有良好运营资质的媒体,这样不仅可以净化自身媒体资源,保障广告投放者的利益,还能够切断违法、违规网站的收入来源,从而减少其数量,创造晴朗的网络空间。

(二) 对"明知或应知"的违法广告承担责任

根据《暂行办法》第十五条第二款的规定,媒介方平台经营者对其明知或者应知的违法广告,应当采取删除、屏蔽、断开链接等技术措施和管理措施,予以制止。在程序化购买广告中,媒介方平台并不对其成员最后展示的广告承担提前审核的责任,但是应当在得知广告违法之后,采取技术措施断开传送渠道,阻止该广告的继续流通。

四 广告交易平台的法律责任

广告交易平台即《暂行办法》规定中的"广告信息交换平台",主要功能是为程序化购买广告提供流量交易的载体。广告交易平台类似于自动化的证券交易平台,商品是展示广告位,出价方是DSP背后的广告主和广告代理商,整个出价过程很短,完全由计算机程序来执行。将交易过程系统化、自动化处理能够提高效率,实现规模效应和更精准的定向投放,但也为数据造假提供了条件。因此,ADX平台需要对市场上流通的流量进行审核,管理DSP和SSP的交易行为,保证交易市场秩序。

(一) 审查需求方平台和媒介方平台的资质

根据《暂行办法》第十五条第一款的规定,广告信息交换平台经营者在订立互联网广告合同时,也应当查验合同相对方的主体身份证明文件、真实名称、地址和有效联系方式等信息,建立登记档案并定期核实更新。广告交易平台在与需求方平台和媒介方平台订立广告投放、流量售卖协议时，应当采用书面合同，并审核对方的身份、资质信息，检验业务所涉及主体的真实联系方式，并建立档案实时更新以供查验。

(二) 对"明知或应知"的违法广告承担责任

与 SSP 类似，根据《暂行办法》第十五条第二款的规定，广告信息交换平台经营者，对其明知或者应知的违法广告，应当采取删除、屏蔽、断开链接等技术措施和管理措施，予以制止。

五　数据管理平台的法律责任

数据管理平台（DMP）是专门对数据进行处理的平台，主要为广告主和 DSP 服务。《暂行办法》并未对数据管理平台的法律责任进行规定，但是根据目前数据管理平台的发展状况，进行法律规范是很有必要的。

DMP 这一概念在广泛的意义上被使用，其中涵盖数据管理、数据提供和数据交易平台的三种类型，数据管理即数据的管理、分析平台，数据提供方即拥有大量数据的公司为了变现自己的数据资产建立的对外售卖平台，而数据交易平台就是线上数据交易平台。程序化购买广告的发展使得数据的作用越来越重要，并逐渐演变出数据交易市场。

网络大数据是一种重要的资产，开发这种资产是很有必要的，但是在开发过程中必须遵守数据安全和信息保护相关的法律规定。与 DSP 对用户数据的使用和保护类似，数据管理平台也应当在收集、使用和交易网络数据时遵守合法、正当、必要的原则，并建立网络信息安全保护制度，对所收集的数据进行严格的保护。

第四章 相关问题及建议

当前，除了程序化购买各方主体责任的分配问题之外，程序化购买过程中也出现了一些新的问题亟待处理。这些新问题主要包括违法广告投诉渠道不畅通、不当使用用户数据侵犯其隐私权、因数据造假导致广告主利益受损、存在严重侵权网站参与程序化购买广告等。同时，在《暂行办法》实施的过程中，也需要关注执法管辖问题。

一 程序化购买广告的违法投诉渠道

在程序化购买广告的法律规制中，最为重要的是对违法广告的处理。因此，建立投诉举报通道是非常必要的。事实上程序化购买广告的违法投诉渠道有其特殊性，需要所涉及的多方主体联动处理。

首先，该投诉渠道的最前沿端口在媒介方成员。尽管法律认定DSP平台是程序化购买广告的发布者，而不是实际登载广告的媒介方成员。但是，对于广告受众一方，即网络用户来说，最为合理、便捷的投诉对象是媒介方成员。因为用户不清楚该广告是以何种交易方式实现投放的，也无法得知该广告所登载页面属于哪个媒介方的成员。从目前程序化购买广告的实际案例来看，DSP对广告来源的标示方式并不清晰，多数情况下用户无法得知应向哪一个平台进行投诉。因此，应当允许用户直接向媒介方成员进行投诉。媒介方成员接到用户投诉之后，应当依据投诉内容进行审查，若认定被投诉广告确为违法广告的，应当立即采取措施停止展示，并向上游平台方发出通知。

其次，上游平台，包括SSP、ADX和DSP都应当建立并畅通相应的举报渠道，及时制止违法广告的传播。SSP在接到媒介方成员的举报后立即定位广告来源，并依法通知ADX和DSP；ADX收到SSP的通知之后应当立即停止该广告的交易活动，并向 DSP 发出通知，DSP 接到通知之后停止该广告的投放，并依法审查违法广告的责任主体，追究相关负责人的责任。

最后，违法广告的事先审查由 DSP 承担，投诉审查则由媒介方平台进行。在上述投诉审查机制中，我们赋予了媒介方平台审查被诉广告违法情况的责任，SSP 和 ADX 也要在接到通知之后进行相应的处理，因为这些平台都要"对其明知或应知的违法广告"承担"采取删除、屏蔽、断开链接等技术措施和管理措施，予以制止"的责任。当然，违法广告的最终责任人是广告主、广告代理商和 DSP 平台。

二 用户个人信息的保护

在程序化购买广告对数据的使用过程中，可能会涉及这样一些主体：直接向用户收集数据的社交、购物等网站和 APP；对大量的用户数据进行"清洗"、整理的数据服务提供者；在数据交易市场上进行数据交易的出卖者和购买者；将数据用于广告投放的程序化购买广告经营者等。为此，在程序化购买广告法律问题的研究中，一个难以回避的问题就是用户个人信息的保护，我们分为用户个人信息、程序化购买广告使用了何种用户个人信息以及如何保护用户个人信息三个层次来分析。

1. 何为用户个人信息？

《最高人民法院关于审理利用信息网络侵害人身权益民事纠纷案件适用法律若干问题的规定》（以下简称《若干规定》）第十二条第一款规定："网络用户或者网络服务提供者利用网络公开自然人基因信息、病历资料、健康检查资料、犯罪记录、家庭住址、私人活动等个人隐私和其他个人信息，造成他人损害，被侵权人请求其承担侵权责任的，人民法院应予支持。"

根据工业和信息化部《电信和互联网用户个人信息保护规定》，个人信息是指电信业务经营者和互联网信息服务提供者在提供服务的过程中收集的网络用户姓名、出生日期、身份证件号码、住址、电话号码、账号和密码等能够单独或者与其他信息结合识别用户的信息以及网络用户使用服务的时间、地点等信息。

根据上述规定，我们可以把用户在互联网中的活动数据分为个人信息数据和其他数据，其中个人信息数据是指与个人身份相关的数据和具有隐私性的数据。此种区分之所以有一定的意义，是因为在此前的案例中，法院认为对非个人信息数据的使用不构成对隐私权的侵害，对个人信息的认定提出了"可识别性"的要求。[1]

2. 程序化购买广告使用了何种用户个人信息？

在程序化购买广告的推送中，需要用到的数据是可以确定用户打开网站、APP 的时间、地点和具体需求的数据。其中，一个非常重要的数据是人群分析数据。通过该用户的搜索数据分析其年龄、收入状况、偏好，从而为其推送核实价位、品质的产品。通过用户使用的地图 APP 获取其位置信息，向用户推送附近相关的购物、美食信息。通过用户的上下班路径、打车数据，分析用户的住址、工作场所，向用户推送相应的广告。

这种用户数据的使用，目的是提供个性化定制服务，它为用户提供便利的同时也大量使用用户信息。但是，这种使用是否属于《若干规定》第十二条所强调的"利用网络公开个人隐私和个人信息的行为"？在 Facebook 的泄露事件中，问题究竟在于利用用户信息推送广告的行为，还是推送何种广告的行为？此外，如果数据公司在互联网中爬取其他网站的用户信息，"清洗"之后进行售卖，这种行为是否属于上述公开行为？

从目前的法律规定来看，侵权行为的构成需要满足"利用网络""个人信息""公开""造成损害"等要件。在程序化购买广告对个人信息的使用认定方面，"公开"和"造成损害"难以界定。从用户的角度来看，个性化定制广告在很大程度上是一种便利，但也会造成一定的恐慌：不法分子一旦获取这些信息，将会带来人身、财产等安全隐患。

3. 在程序化购买广告中如何保护用户个人信息？

在程序化购买广告经营中对用户个人信息的保护涉及三个方面：收集中的保护、存储中的保护和交易过程中的保护。在用户数据的收集和存储中，应当严格执行《网络安全法》的规定。在数据交易过程中，对用户个人信息的保护可以从以下两个方面进行：

---

[1] 江苏省南京市中级人民法院民事判决书（2014）宁民终字第 5028 号民事判决书。

第一，数据交易各方应当订立书面合同，并对交易对方的信息建立档案并定期核实更新。参照《暂行办法》第十五条对需求方平台经营者、媒介方平台经营者、信息交换平台经营者和媒介方成员经营者的相关约束，明确数据交易各方，包括确保数据交易链路清晰。

第二，在程序化购买广告中对所使用的数据源头进行严格控制。为保护用户隐私，DSP、DMP平台应当在数据的使用中确保数据源头的可追溯性，检验审核数据源的合法性，排除地址来源不明、不合法的数据。明确数据来源，审查数据源的合法性，可以减少对非法来源数据的使用，规范数据的收集和交易。

三 广告主利益的保护

当前，程序化购买广告交易中的数据造假问题越来越严重，产生了十分恶劣的影响。由于程序化购买采用的是实时竞价的交易模式，在广告交易的公开市场中，往往会涌入大量规模较小的媒体，这些媒体流量数据的真实性、有效性很难得到保证。一些具有媒体属性的网络平台在创立初期为了快速实现流量变现，吸引广告主前来投放，通过人为操纵机器人程序对网络广告进行流量叠加，把这些实为无效点击的流量变成一个个真实的IP地址，制造虚假的流量数据。

虚假流量会给广告主的利益造成巨大的损失，广告主虽然是广告活动的出资方和受益方，但并不参与到程序化购买的技术化流程中。事实上，程序化购买广告就是DSP平台提供给广告主的一种广告投放服务。因此，要保护广告主的利益，就要保证程序化购买过程中流量数据的真实性和有效性。交易过程的透明化成为必然选择，当广告主、DSP、ADX、SSP以及媒体之间存在信息透明的协作流程时，暗箱操作、虚假流量和数据等乱象就无处遁形了。目前在行业内已经出现透明化的风潮，2017年上线的DSP基本都以透明化作为卖点进行宣传。[①]

[①] 《2017年，DSP、RTB和程序化广告的"透"视与展望》，http：//www.rtbchina.com/2017-the-year-of-transparency-debate-for-dsp-and-programmatic.html，最后访问时间：2018年9月25日。

为了保护广告主的利益,肃清行业内的不良现象,程序化购买广告的各个参与平台都应当顺应透明化浪潮,打破信息不对称的壁垒,推动建立良好的行业生态环境。DSP平台应当对广告主披露广告投放的真实情况,包括投放成本的使用情况、投放广告产生的数据、投放策略等内容;ADX平台应当在其技术和业务允许的范围内对广告主披露广告投放数据、SSP成员方流量数;SSP应当在不违背保密协议规定的前提下向广告主披露其成员方的流量数据等。当然,ADX、SSP对数据的披露应当建立在收到广告主的请求,并且这种请求无法获得DSP平台的回应的前提之下。

至于透明化方面的具体规则,也可以留待行业发挥自律功能主动建立相应的行业标准和操作方法。

四 发挥程序化购买广告对版权保护的价值

广告收入是网站收入的主要组成部分,程序化购买广告能够将闲置广告位集合起来,发挥剩余流量的价值,给媒介方平台带来经济收益,因而吸引了大批中小媒体加入。其中不乏以盗版为业的网站以及无工业和信息化部注册许可、无邮电管理局注册许可、无电子工商管理许可的"三无"网站。供应方平台在接收媒体时应当对网站运营者的资质进行严格的审核,排除这些严重扰乱了网络行业秩序和竞争秩序的网站。

目前,在网络视频行业,存在以盗链正版视频网站资源为业的一类网站,即视频聚合平台。这类平台本身不购买也不存储任何版权资源,而是通过技术手段盗取正版网站的视频资源用于本网站的运营。与视频网站类似,这类网站的收入来源主要也是广告收入和会员收入(以前者为主)。为了打击盗版,取缔这类网站,除了需要正版视频网站积极维权,也可以将其排除到供应方平台之外,直接切断其广告收入来源。

当然,如果直接让SSP、ADX承担审核媒介方成员网站是否存在侵权的责任,则会导致其承担过重的义务。正如"剑网"行动中的做法一样,可以由国家版权局出面,整理一批侵权盗版"黑名单"网站,提供给程序化购买广告交易的各个平台,平台对"黑名单"中的网站终止投放广告。同时,各个平台也应当加强审核力度,建立并完善内部版权管理制度，严格规范广告投放程序，防止将广告投放在未经 ICP（网络内容服务商）备案，以及未获得网络出版或信息网络传播视听节目许可证而非法开展网络出版或通过信息网络传播视听节目的网站[①]。

[①]《〈网络广告联盟版权自律倡议〉发布》，http://money.163.com/16/1206/00/C7IG1QOI002580S6.html，最后访问时间：2018年9月25日。

第四编

典型案例

第一章 民商事案例

一 案例详情

魏则西事件

关键词：百度推广·医疗竞价排名

身患"滑膜肉瘤"的21岁大学生魏则西通过百度搜索找到排名前列的武警北京总队第二医院，于该院的肿瘤生物中心尝试了一种宣传称"与美国斯坦福大学合作的肿瘤生物免疫疗法"。就医期间，魏则西及其家人被告知，治病技术由美国斯坦福大学研发且治愈率达到百分之八九十，该院李主任向其家人保证采用此疗法"保二十年没问题"。然而，当借钱完成治疗后仍出现肺部转移，魏则西的病情进一步恶化，该院李主任却表示"从来没有向任何人保证过治愈率"。2016年4月12日魏则西被宣告"医治无效"死亡。

事实上，该肿瘤生物中心的推广是百度医学信息竞价排名，这个号称"斯坦福"先进技术的生物疗法也与百度搜索中的描述不符，甚至是早已被国外临床淘汰的技术。魏则西生前辗转多舛的求医经历通过多篇网文持续发酵、引发同情，与此同时，也捅破了百度医疗竞价排名、莆田系承包科室现象、医疗监管漏洞等诸多医疗乱象的窗户纸。[1]

经查，武警北京总队第二医院是一家公立三甲医院，但是魏则西曾经就医的武警北京总队二院肿瘤生物中心，其背景却是一家名为莆田系

---

[1] 韩雪枫、杨静茹、王昱倩：《青年魏则西之死》，新京报网，http://www.bjnews.com.cn/news/2016/05/03/402058.html，最后访问时间：2018年9月25日。

的民营医疗机构。据悉，公立医院和军队医院的部分科室被民营医疗机构承包早已是业内常见。

二 案例评析

根据百度推广的官方网站介绍，"用户只需缴纳6000元推广费和1000元专业服务费，就可以自助选择关键词、设置投放计划，当搜索用户点击客户的推广信息访问企业网站时，系统会从预存推广费中收取一次点击的费用，每次点击的价格由客户根据自己的实际推广需求自主决定，客户可以通过调整投放预算的方式自主控制推广花费"①。可见，无论是关键词还是点击费用限额都是由用户自己进行设定和优化，百度只负责收取客户的竞价点击费，来进行搜索排名。

在这次事件中，武警北京总队第二医院对外宣称与美国斯坦福大学合作的肿瘤生物免疫疗法，在国外早已因"效率太低"被淘汰，而美国斯坦福大学与其也并没有合作，这属于使用虚假、伪造及无法验证的科技成果作证明材料的情形，构成虚假广告，该宣传已经违反了《广告法》第十六条、第二十八条第二款的规定。② 随着《互联网广告管理暂行办法》的出台，付费搜索推广被定性为广告服务，由此本案中的医疗推广是广告，依据《广告法》第五十六条的规定，广告主、广告经营者、广告发布者都应承担相应责任。

"搜索推广"与普通人通常所理解的广告有所不同，其中最核心的地方在于，"搜索推广"的内容是网站而不是某一具体的商品或服务。实践中，一些推广用户会选用与自己所经营的产品毫无关联的关键字来触发推广链接，引导用户进入其网站，并非直接宣传其产品。随着互联网时代的来临，新的社会问题和价值观念必然会不断涌现，利益与公平

---

① 百度百科：《百度推广》，https://baike.baidu.com/item/百度推广/2337554? fr=aladdin#8。

② 中华人民共和国国家互联网信息办公室：《国家网信办联合调查组公布进驻百度调查结果》，http://www.cac.gov.cn/2016-05/09/c_1118840657.htm。

之间难免存在紧张，但是保护弱者权益实现社会公平正义仍然是法律的基本要义。《广告法》中的连带责任是刺破广告主与广告经营者、广告发布者、广告代言人之间隐形面纱最有力的规制手段，让更好地保障消费者权益成为可能。

第二章 行政案例

一 网络广告的执法管辖

《互联网广告管理暂行办法》第十八条增加了对互联网广告违法行为实施行政处罚的管辖条款，即"广告发布者所在地工商行政管理部门管辖异地广告主、广告经营者有困难的，可以将广告主、广告经营者的违法情况移交广告主、广告经营者所在地工商行政管理部门处理。广告主所在地、广告经营者所在地工商行政管理部门先行发现违法线索或者收到投诉、举报的，也可以进行管辖。对广告主自行发布的违法广告实施行政处罚，由广告主所在地工商行政管理部门管辖。"由此可知，广告发布者所在地市场监管部门具有相对优先管辖权，当其管辖有困难的，可以将案件移交至广告主、广告经营者所在地市场监管部门处理。但是，广告主所在地、广告经营者所在地市场监管部门先行发现违法线索或者收到投诉、举报的，也可以进行管辖。也就是说，在网络广告活动中，所有参与主体所在地的市场监管部门都有可能全案管辖违法广告，而并不限于某一主体。这样的规定很可能会导致多个广告活动主体所在地区的市场监管部门争抢管辖权或有意回避管辖等情况，并且，由于各地基层执法部门对法律法规理解不一，执法标准不同，可能导致同类型案件处理结果矛盾，进而使落实广告活动主体责任的要求标准有较大差异。

根据《广告法》第五十五条的规定，广告经营者、广告发布者两年之内有三次以上明知或者应知广告虚假仍设计、制作、代理、发布的，就有可能被有关部门暂停广告发布业务、甚至吊销营业执照。管辖标准不清晰很可能会增加违法广告的监管处罚数量，这对广告经营者、广告发布者的合规风控提出了更大的考验。

二 商品类

1. 某医药科技有限公司发布违法化妆品广告案

关键词：化妆品广告·商品功能信息与实际情况不符 & 非特殊用途化妆品

当事人通过互联网平台网店发布含有"美白去黑色素"、"去淡化黑色素"等内容的化妆品广告。实际该化妆品为非特殊用途化妆品。当事人行为违反了《中华人民共和国广告法》第二十八条的规定。2018年4月，当地市场监督管理局作出行政处罚，责令停止发布广告，在相应范围内消除影响，罚款20万元。①

2. 某生物科技有限公司发布虚假广告案

关键词：化妆品广告·虚构使用商品效果 & 非特殊用途化妆品

当事人在互联网平台网店"某美妆专营店"销售的"某男士硫黄头皮洗剂"中对功效的介绍有"止脱""可多处使用的滋养液除增眉毛外，亦可增其他毛发""增鬓角、增胸毛、增腋毛、增腹毛""品名：眉毛滋养液"等宣传内容。经查，当事人销售的"某眉毛滋养液"于2018年1月9日取得国家食品药品监督管理总局国产非特殊用途化妆品备案，为非特殊用途类化妆品，未取得特殊用途化妆品批准文号，亦无任何证据证明该产品具有增长毛发的功效。当事人行为违反了《中华人民共和国广告法》第二十八条的规定。2018年5月，重庆市工商行政管理局某分局作出行政处罚，责令停止发布违法广告，并处罚款20000元。②

3. 某电子商务公司违法广告案

关键词：商品广告·疾病治疗功能

---

① 《安徽公布10起虚假违法广告典型案例 正大医院被罚20万》，http://www.ahwang.cn/anhui/20180806/1796256.shtml，最后访问时间：2018年9月25日。

② 《国家市场监督管理总局公布2018年典型虚假违法互联网广告案件》，http://www.creditchina.gov.cn/toutiaoxinwen/201807/t20180720_121196.html，最后访问时间：2018年9月25日。

当事人在网络店铺销售页面，发布含有"18颗超强磁石消除疲劳，促进新陈代谢，按摩穴位，加速血液循环；托玛琳发射远红外和空气维生素，提高性能力；进口磁疗布，具有极强的穿透能力，对前列腺有极大的好处；内裤带银离子碳素抗菌分子，调节阴囊温度、生精养精，杀菌除臭；远红外活血排毒、溶脂，磁石24小时释放超强磁力；磁石不断释放高能磁场活化细胞组织，保持男性器官处在微运动状态，实现男根再次发育，增强肾动力；超强磁石可以促进炎症消退，消除炎症肿痛，调节血压""完美抑制细菌，远离疾病。独有纳米银离子抗菌涂层，可杀灭数百种致病微生物，去腐生肌，抗菌消炎，改善创伤周围组织的微循环，有效地激活并促进组织细胞的生长"等广告内容，其行为违反了《中华人民共和国广告法》第十七条的规定，构成了非医疗器械广告涉及疾病治疗功能的行为。依据《中华人民共和国广告法》第五十八条第一款第（二）项的规定，2018年7月，该区工商行政管理分局作出行政处罚，责令停止发布广告和在相应范围内消除影响，并罚款3000元。[①]

4. 某美容仪器设备有限公司发布违法广告案

关键词：商品广告·广告用语易使推销的商品与药品相混淆

当事人为了增加商品销量，在其网店上发布的化妆品广告中使用了"医学级玻尿酸含量5%的爽肤水，全球知名皮肤医学专家共同研发"、"BICELLE全球知名皮肤医学专家共同研发"、"修护敏感肌肤屏障必备……全球知名皮肤医学专家共同研发"等易使推销的商品与药品、医疗器械相混淆的用语。当事人行为违反了《中华人民共和国广告法》第十七条的规定。依据《中华人民共和国广告法》第五十八条规定，2018年5月，当地市场监督管理局作出行政处罚，责令停止发布违法广告，并处罚款10万元。[②]

[①]《重庆市工商局公布12起2018年典型虚假违法互联网广告案件》，http://www.xycq.gov.cn/html/content/detail/36509.html，最后访问时间：2018年9月25日。

[②]《国家市场监督管理总局公布2018年典型虚假违法互联网广告案件》，http://samr.saic.gov.cn/xw/yw/zj/201807/t20180720_275139.html，最后访问时间：2018年9月25日。

5. 某健身器材有限公司违法广告案

关键词：商品广告·广告用语易使推销的商品与医疗器械相混淆

当事人通过自办网站，发布咏寿堂牌温热健身玉石床广告，其宣称三大功效："1. 提高自然自愈力。咏寿堂温热玉石健身床通过疏通血管，调节神经，疏通气血，提高五脏六腑的功能，各器官、组织活力就会增强，从而提高各脏器自身自愈能力；2. 提前诊病。人体的慢性病都有潜伏期，也称隐藏期，通过做治疗，隐藏在身上的疾病会产生病理反应。通过各种反应可以提前诊断出身上潜伏的慢性病。3. 理疗预防。咏寿堂温热玉石健身床可以有病理疗，无病预防强身，是一个非常好的家庭医生"。同时，在客户案例内容中，利用不同省市的47个中老年客户使用咏寿堂温热玉石健身床后写出的体验内容，宣称客户们所患的高血压、糖尿病、便秘、心脏病、胃病、腰椎、骨质等多种不同的中老年疾病，在使用其生产销售的咏寿堂温热玉石健身床后，其所患的各种中老年性疾病都起到了治愈或治疗好转的作用。经查，当事人作为一个生产电热型玉石健身床的企业，明知道该产品是一款非医疗器械，却在广告中宣传治疗各种中老年疾病的功效作用。当事人行为违反了《中华人民共和国广告法》第十七条的规定。依据《中华人民共和国广告》第五十八条第一款的规定，2018年4月，当地工商行政管理机关作出行政处罚，责令当事人停止发布违法广告和消除违法广告影响，并处罚款50000元。[①]

6. 某智能科技公司违法广告案

关键词：商品广告·绝对化用语

当事人分别发布户外广告和互联网广告，广告中含有"全自动玻璃切割设备全球第一品牌"、"中国最大的专业玻璃切割流水线设备生产商"等内容。当事人行为违反了《中华人民共和国广告法》第九条的规定。2018年5月，当地市场监督管理局作出行政处罚，责令停止发

[①]《重庆市工商行政管理局2018年典型虚假违法互联网广告案件》，http://www.cqgs.gov.cn/gzfw/ggfbjc/44835.htm，最后访问时间：2018年9月25日。

布违法广告，罚款 10 万元。①

7. 某电子制造有限公司网络违法广告案

关键词：商品广告·绝对化用语

当事人在互联网开设网店，网店名称为＊＊旗舰店。其网页使用"顶级配置重低音蓝牙音响"、"最极致的声音体验"等广告用语。当事人构成使用绝对化广告用语行为，违反《广告法》第九条规定，当地工商行政管理机关拟对当事人处以罚款 20 万元。②

8. 某文化传播有限公司违法广告案

关键词：商品广告·含有迷信内容

当事人在其自设网站多次发布"经过正统开光的本命佛守护神，长期佩戴能够清除负能量，使佩戴者改善跌宕起伏的运势，摆脱诸事不顺的厄运，化解流年凶灾，财源滚滚来"、"对于家庭不和，破财，夫妻感情不和离婚等，本命佛也是必需的选择"等迷信色彩的广告内容。当事人行为违反了《广告法》第九条的规定。依据《广告法》第五十七条规定，2018 年 5 月，当地工商行政管理机关作出行政处罚，责令停止发布违法广告，并处罚款 50 万元。③

9. 江苏某贸易有限公司发布违法广告案

关键词：商品广告·未标明专利号和专利种类

当事人在互联网平台"＊＊专卖店"销售"中联小吊扇"。产品图片中含有"专利驱蚊设计"宣传内容，但没有标明专利号及专利种类。当事人行为违反了《中华人民共和国广告法》第十二条的规定。依据《中华人民共和国广告法》第五十九条规定，2018 年 5 月，无锡市梁溪区市场监管局作出行政处罚，责令停止发布违法广告，并处

---

① 《安徽省工商局公布 2018 年第一批典型虚假违法广告案例》，http://www.ahaic.gov.cn/art/2018/8/3/art_ 500_ 62669.html，最后访问时间：2018 年 9 月 25 日。
② 《工商总局公布新广告法颁布以来典型违法广告案件》，http://finance.huanqiu.com/roll/2015-11/7975275.html，最后访问时间：2018 年 9 月 25 日。
③ 《国家市场监督管理总局公布 2018 年典型虚假违法互联网广告案件》，http://samr.saic.gov.cn/xw/yw/zj/201807/t20180720_ 275139.html，最后访问时间：2018 年 9 月 25 日。

罚款 1.5 万元。①

10. 某日用品有限责任公司违法广告案

关键词：商品广告·虚假广告

当事人在天猫网站"＊＊旗舰店"中"产品展示"页面里发布了"＊＊牙膏成人 VC 护龈洁白抗敏感清新口气薄荷牙膏"的广告，并在网页"商品详情"中"功效"栏，描述该套装牙膏功效为"抗敏感"。经查，当事人在互联网上销售的该款产品不具备抗敏感功能，其发布的广告内容及与事实不符，误导了消费者。当事人的行为，违反了《中华人民共和国广告法》第二十八条第二款（二）项之规定，构成虚假广告。依据《中华人民共和国广告法》第五十五条第一款的规定，2018 年 4 月，当地工商行政管理机关作出处罚决定，责令当事人改正违法行为，并处罚款 60000 元。②

三 食品、保健食品、药品类

1. 某海参违法广告案

关键词：食品广告·不正当竞争

当事人发布的"正官福"海参广告通过对比等方式，宣称辽参"所谓野生，多是底播养殖"，为辽参配的背景图片也是经专门设计，暗示辽参是在受污染的环境下生长，品质不如自己经营的韩国同类海参商品，贬低了同行业其他经营者的商品质量。该广告中的相关内容无事实依据证明，足以造成相关公众产生误解，对其他经营者造成了不公平竞争，影响恶劣。辽宁省工商局根据《广告法》第十三条，于 2015 年 12 月责令广告主停止发布相关广告，并处罚款 15 万元。③

---

① 《国家市场监督管理总局公布 2018 年典型虚假违法互联网广告案件》，http://samr.saic.gov.cn/xw/yw/zj/201807/t20180720_275139.html，最后访问时间：2018 年 9 月 25 日。

② 《重庆市工商行政管理局 2018 年典型虚假违法互联网广告案件》，http://www.cqgs.gov.cn/gzfw/ggfbjc/44835.htm，最后访问时间：2018 年 9 月 25 日。

③ 《工商总局公布违反新〈广告法〉10 大典型案件》，http://www.admaimai.com/news/ad201701042-ad131619.html，最后访问时间：2018 年 9 月 25 日。

2. 王某利用微信发布 159 素食全餐违法广告案

关键词：食品广告·虚假广告 & 疾病治疗功能

当事人自行制作了《糖尿病的病根在哪？159 为什么调理糖尿病效果好呢!》等虚假内容及链接，在微信朋友圈反复转发分享，广告中宣传"159 素食全餐"有疾病治疗效果，使用未经证实且并没有准确出处的引用数据进行宣传，违反了《广告法》第九条、第十七条、第二十八条等规定。2017 年 6 月，长春市工商局作出行政处罚，责令当事人停止违法行为，限期 15 日内办理工商营业执照，停止发布违法广告，并在其相应范围内消除影响，罚款 60 万元。[①]

3. 河北某公司发布违法视频广告案

关键词：食品广告·使用医疗用语

当事人在网店中发布的食品广告中描述该产品有抗癌功效、可预防心脑血管疾病等内容。当事人行为违反了《食品安全法》第七十三条和《广告法》第十七条的规定。依据《广告法》第五十八条规定，2018 年 4 月，当地食品和市场监督管理局作出行政处罚，责令停止发布违法广告，并处罚款 13376 元。[②]

4. 某牛奶贸易（上海）有限公司发布违法广告案

关键词：食品广告·广告宣传人未满十周岁

当事人为对其经销的 A2 奶粉进行宣传推广，邀请艺人胡可参与其品牌网络直播活动，并使用胡可及其子的形象进行广告宣传。后当事人通过官方网站、微信公众号、官方微博等自媒体使用胡可及其子的姓名和形象为其产品进行代言，而胡可之子在当事人组织活动及广告发布时，实际年龄未满十周岁。当事人行为违反了《中华人民共和国广告法》第三十八条的规定。依据《中华人民共和国广告法》第五十八条规定，2018 年 6 月，当地工商局检查总队作出行政处罚，责令停止发

[①] 《工商总局公布 2017 年虚假违法广告典型案例》，https：//news. china. com/finance/11155042/20170825/31188526. html，最后访问时间：2018 年 9 月 25 日。

[②] 《国家市场监督管理总局公布 2018 年典型虚假违法互联网广告案件》，http：//www. creditchina. gov. cn/toutiaoxinwen/201807/t20180720_ 121196. html，最后访问时间：2018 年 9 月 25 日。

布违法广告，并处罚款 10 万元。①

5. 湖南长沙某食品营销有限公司发布违法广告案

关键词：食品广告·违背社会良好风尚

当事人利用互联网发布的 2017 年双十一促销活动广告的文字及图片内容低俗媚俗，含有不尊重女性及性暗示内容，违背社会良好风尚，违反了《广告法》第九条的规定。2017 年 12 月，当地工商局作出行政处罚，罚款 60 万元。②

6. 李某发布违法保健食品广告案

关键词：保健食品广告·疾病治疗功能

当事人李亚为介绍其所推销的＊＊牌权杨胶囊、昱齐胶囊、昱强胶囊和经络综合治疗仪，在其朋友圈发布了上述四种商品的图片并附有"治疗颈椎病！"字样的宣传广告。同时委托其微信好友侯某、沈某在各自微信朋友圈转发上述广告。当事人所推销的＊＊牌经络综合治疗仪不属于医疗器械，权杨胶囊、昱齐胶囊和昱强胶囊均属于保健食品，而当事人在广告中宣称上述四种商品可以治疗颈椎病，且没有标明'本品不能代替药物'的提示语。当事人的行为违反了《中华人民共和国广告法》第十七条、第十八条的规定。依据《中华人民共和国广告法》第五十八条规定，2018 年 4 月，潜江市工商行政管理局作出行政处罚，责令停止发布违法广告，并处罚款 100000 元。③

7. 上海某生物科技有限公司发布虚假违法广告案

关键词：保健食品广告·疾病治疗功能

当事人利用互联网、宣传单等方式发布多则广告，对其销售的保健食品、普通食品、化妆品进行广告宣传，其中非药品宣传涉及疾病治疗

---

① 《国家市场监督管理总局公布 2018 年典型虚假违法互联网广告案件》，http：//www.creditchina.gov.cn/toutiaoxinwen/201807/t20180720_121196.html，最后访问时间：2018 年 9 月 25 日。

② 《国家市场监督管理总局公布 2018 年第一批典型虚假违法广告案件》，http：//samr.saic.gov.cn/xw/yw/zj/201804/t20180425_273920.html，最后访问时间：2018 年 9 月 25 日。

③ 《国家市场监督管理总局公布 2018 年典型虚假违法互联网广告案件》，http：//www.creditchina.gov.cn/toutiaoxinwen/201807/t20180720_121196.html，最后访问时间：2018 年 9 月 25 日。

功能、使用与药品相混淆的用语、虚假宣传、普通食品宣传保健功效等，违反《广告法》第十七条、第十八条、第二十八条的规定。2018年1月，上海市浦东新区市场监督管理局作出行政处罚，罚款75.87万元。①

四 医疗类

1. 天津某中医医院发布违法医疗广告案

关键词：医疗广告·利用患者形象 & 内容与审查不符

当事人利用互联网发布的医疗广告宣传了减肥的5种诊疗方法，并附有4位减肥医生的基本情况、擅长的治疗类型以及照片。还有5位患者的成功案例，并附有患者照片以及患者在其医院治疗减肥前后的对比照片，其网站广告内容与《医疗广告审查证明》的广告成品样件不符，大部分内容未经审查。当事人行为违反了《中华人民共和国广告法》第十六条、第四十六条、《医疗广告管理办法》第七条的规定。2018年6月，天津市某市场和质量监督管理局做出行政处罚，责令停止发布违法广告，并处罚款10万元。②

2. 某中医医院违法广告案

关键词：医疗广告·利用患者形象

当事人通过微信公众号发布医疗服务广告，其内容中含有'病人于8个月前因脑梗死出现左侧上下肢瘫痪，曾在多家医院治疗没有明显的效果，因为有严重的心脏病，患者不能接受康复治疗；8月19日在我院入院后，我们采用中西医结合的方法给患者进行治疗，患者现在下肢可以抬起，走路有力（左侧肢体）病人及家属觉得本次住院很有效果'的宣传用语，并配有患者及其家人作证明的相关图片。当事人的行为违

---

① 《国家市场监督管理总局公布2018年第一批典型虚假违法广告案件》，http://samr.saic.gov.cn/xw/yw/zj/201804/t20180425_273920.html，最后访问时间：2018年9月25日。

② 《国家市场监督管理总局公布2018年典型虚假违法互联网广告案件》，http://www.creditchina.gov.cn/toutiaoxinwen/201807/t20180720_121196.html，最后访问时间：2018年9月25日。

反《医疗广告管理办法》第七条第六项的规定,构成了发布医疗广告时利用患者的名义和形象作证明。依据《医疗广告管理办法》第二十二条的规定,2018年7月,该区工商行政管理分局作出行政处罚,责令当事人改正违法行为,并处罚款10000元。①

3. 天津某医疗整形美容专科医院有限公司发布违法广告案

关键词:医疗广告·利用广告代言人推荐证明

当事人于2015年11月开始在其网站主页上发布"百合网联合创始人《非你莫属》大BOSS慕岩体验伊美尔抗皱王者-美版超声刀-霸道总裁逆袭小鲜肉"和"霸道总裁变身小鲜肉第二篇BOSS的水光针初体验'旱'子也要水光肌,姑娘更要美美哒"两份宣传内容,上述内容中慕岩以自身形象对当事人的医疗服务进行了证明。对于当事人发布利用广告代言人作证明的医疗广告的行为,当地工商机关依据《广告法》第五十八条第一项的规定,责令当事人停止违法行为,对当事人的违法行为处以罚款24908元。②

4. 浙江舟山某门诊部利用互联网发布虚假广告案件

关键词:医疗广告·虚假广告

当事人于自设网站,宣称"与美国多家国际机构建立长期的技术联盟合作体系,多年被舟山市卫生行政部门评为先进医疗单位、技术创新标杆单位、省级物价计量信得过单位、舟山市慈善医疗定点医院等"。经查,网站中所宣传的上述内容与实际情况明显不符。当事人发布虚假广告违反了《广告法》第二十八条规定,浙江省工商机关已经对此案进行立案查处,目前已进入行政处罚阶段。③

5. 兰州某中医医院违法广告案

关键词:医疗广告·虚假广告&绝对化用语

---

① 《重庆市工商局公布12起2018年典型虚假违法互联网广告案件》,http://www.xycq.gov.cn/html/content/detail/36509.html,最后访问时间:2018年9月25日。
② 《津市场监管稽工处〔2016〕11号天津伊美尔医疗整形美容专科医院有限公司发布违法广告案》,http://scjg.tj.gov.cn/jgdt/xzcfxxgs/sjxzcfxx/9250.html,最后访问时间:2018年9月25日。
③ 《工商总局公布新广告法颁布以来典型违法广告案件》,http://finance.huanqiu.com/roll/2015-11/7975275.html,最后访问时间:2018年9月25日。

兰州某中医医院利用自设网站和户外 LED 屏等方式发布的医疗广告中含有宣传医疗技术、诊疗方法以及"兰州中医白癜风医院是西北地区规模最大的白癜风专科医院等等"广告内容，违反了《广告法》第九条和《医疗广告管理办法》的相关规定。甘肃省工商机关于 2016 年 7 月对广告主处罚款 22.04 万元。①

6. 安徽合肥某医院发布虚假违法广告案

关键词：医疗广告·虚假广告 & 保证疗效治愈率 & 假借公益宣传误导患者 & 绝对化用语

当事人在自设网站、合肥口腔黏膜总院网站网页中宣传"中国口腔病免疫协会大力推广技术 COR-中西医口腔黏膜康复体系中西结合、治愈率高达 98.6%，杜绝复发和癌变"等内容，广告中医疗服务主体、医疗服务内容、医院医师信息、曾获荣誉、康复患者数据材料等多项内容无事实依据，以及利用未登记的中国口腔病免疫协会和"肝泰一生基金会"名义，假借公益活动宣传，误导患者就医，违反了《广告法》第九条、第十六条、第二十八条等规定。2017 年 3 月，合肥市工商局作出行政处罚，责令当事人停止发布虚假违法广告，在相应范围内消除影响，罚款 40 万元。②

7. 重庆某医院有限公司违法广告案

关键词：医疗广告·虚假广告 & 保证功效安全性

当事人通过自设网站发布医疗服务广告，其内容含有"中医联合研发 NRT-神经精准修复体系绿色、安全、顶尖检测设备；重庆三一八医院有限公司经验丰富的专家团队能够保证为您做最专业的精神心理专业治疗，这个专家团队由重庆最早接受临床精神心理科研和实践的专家组成"、"无痛无疤，永不复发；0 风险安全保障，0 疤痕术后美观，100% 永不复发；四效合一彻底根治腋臭"、"数十万例性病患者当天见效，深层清毒快速攻克复发难题……采用了最新的治疗技术 DC 印制基因转

---

① 《工商总局公布违反新〈广告法〉10 大典型案件》，http://www.admaimai.com/news/ad201701042-ad131619.html，最后访问时间：2018 年 9 月 25 日。

② 《工商总局公布 2017 年虚假违法广告典型案例》，https://news.china.com/finance/11155042/20170825/31188526.html，最后访问时间：2018 年 9 月 25 日。

型修复技术治疗后,现在已恢复健康生活,再也没有复发"、"首次开启有效率+低复发时代,Nrt—神经精准修复体系综合应用多技术多手法靶向诊断,精选中西药物,降低用药量,无毒副作用,无药物依赖,疗效稳定,不易复发,恢复周期缩短一半"等内容。经查证,当事人在该广告中,虚构诊疗方法,并含有功效表示、安全性的断言或者保证,其行为违反了《中华人民共和国广告法》第二十八条第二款第(二)项规定,构成虚假广告。依据《中华人民共和国广告法》第五十五条第一款的规定,2018年7月,当地工商行政管理机关作出行政处罚,责令当事人立即停止发布违法广告和消除影响,并处罚款40000元。①

8. 内蒙古某医院有限责任公司发布违法广告案

关键词:医疗广告·保证功效治愈率安全性 & 未经审核

当事人在其公司官网上发布的医院介绍及"光动力基因免疫诱导治疗方法"、"前列腺多维汇聚治疗技术"等医疗广告内容中有多处表示功效、安全性的断言或者保证和说明治愈率或者有效率。经核查,其官网上发布含有上述内容的医疗广告未经卫生部门审查,属未经审核擅自发布医疗药品广告行为。当事人行为违反了《中华人民共和国广告法》第十六条、第四十六条的规定。依据《中华人民共和国广告法》第五十八条规定,2018年6月,当地工商局网络监管分局作出行政处罚,责令停止发布违法广告,并处罚款9000元。②

9. 北京某科技有限公司发布违法广告案

关键词:医疗广告·未经审核

当事人运营"今日头条"手机端应用程序。自2016年6月起,当事人通过"今日头条"手机端应用程序发布多条未取得医疗广告审查证明的医疗广告,违反了《广告法》第四十六条的规定,构成未经审查发布医疗广告的违法行为。2018年3月,北京市工商行政管理局海淀分局作出行政处罚,责令停止发布上述内容违法广告,没收广告费共

---

① 《重庆市工商行政管理局2018年典型虚假违法互联网广告案件》,http://www.cqgs.gov.cn/gzfw/ggfbjc/44835.htm,最后访问时间:2018年9月25日。

② 《国家市场监督管理总局公布2018年典型虚假违法互联网广告案件》,http://samr.saic.gov.cn/xw/yw/zj/201807/t20180720_275139.html,最后访问时间:2018年9月25日。

计 235971.6 元，罚款 707914.8 元。①

10. 安徽合肥某中西医结合医院发布虚假违法医疗广告案

关键词：医疗广告·保证功效治愈率 & 以虚假内容误导消费者

当事人通过其官网发布医疗广告，含有"3 分消炎、10 分灭菌、不复发"、"治疗不孕不育成功率达 98%"等保证功效的内容。以及在未取得合肥市经开区妇女联合会等单位授权的情况下，利用妇联及合肥论坛等多家媒体的名义，假借公益活动宣传，误导患者就医，违反了《广告法》第十六条、第二十八条等规定。2018 年 1 月，合肥市工商局作出行政处罚，责令当事人停止发布虚假违法广告，在相应范围内消除影响，并罚款人民币 20 万元。②

五　金融投资、收藏品类

1. 某金融服务外包公司发布违法广告案

关键词：金融广告·承诺收益 & 未合理提示风险

当事人在自营金融服务平台上发布含有"12%—18%的高收益本平台理财项目年化收益在 12%—18%，种类期限丰富，任您选择，购买即可轻松实现高收益"、"投资理财'零'门槛投资金额，100 元起，真正实现'零'门槛"等内容的广告语，并以图表形式将其产品和其他同类产品进行了对比，且无相关投资产品的风险提示和警示用语。其行为违反《广告法》第二十五条规定，被该市市场监管部门处以责令停止发布违法广告、罚款 13 万元。③

2. 某互联网金融信息服务公司发布违法广告案

关键词：金融广告·承诺收益 & 未合理提示风险

当事人在其官网和微信公众号、手机客户端 APP 上发布金融理财

---

① 《国家市场监督管理总局公布 2018 年第一批典型虚假违法广告案件》，http：//samr.saic.gov.cn/xw/yw/zj/201804/t20180425_ 273920.html，最后访问时间：2018 年 9 月 25 日。

② 同上。

③ 《浙江工商局公布上半年金融违法广告典型案例》，http：//www.zjaic.gov.cn/art/2018/8/14/art_ 1236110_ 20345763.html，最后访问时间：2018 年 9 月 25 日。

类广告。广告中,对可能存在的风险以及风险责任承担没有合理提示或者警示,在官网广告中含有"年化利率9.0%"、"100%本息保障"、"100%保本付息"、"40倍活期存款收益"等内容;在微信公众号广告中含有"如果我注册了,十年后……"、"奥迪、LV随便买"、"我的新房在中心地段"、"奔驰宝马换着开"、"朋友都要抱大腿"、"想想都很开心"、"年化效益7%"、"银行定期年利率仅3%"等内容;在手机客户端APP广告中含有"年化收益率10.20%"等内容。其行为违反《广告法》第二十五条、第十一条规定,被该市市场监管部门处以责令停止发布违法广告、消除影响、罚款10万元。[1]

3. 嘉兴某科技有限公司发布互联网金融违法广告案

关键词:金融广告·承诺收益 & 未合理提示风险

当事人通过其自办互联网金融服务平台,发布含有"年化收益率最高19%"、"三十倍活期存款收益"、"五倍定期存款收益"、"安全、低门槛、高收益"、"抵押+质押、有保险""本地业务100%兑付"等内容的广告,未对可能存在的风险以及风险责任承担有合理提示或警示,对未来效果、收益或者与其相关的情况作出保证性承诺,明示或者暗示保本、无风险或者保收益,违反《广告法》第二十五条规定。当事人被当地市场监管部门责令停止发布广告,在相应范围内消除影响,并处罚款15万元。[2]

4. 温州某互联网金融信息服务股份有限公司发布互联网金融虚假广告案

关键词:金融广告·虚假广告 & 承诺收益 & 未合理提示风险 & 使用国家机关名义

当事人利用自营网站、微信公众号,发布含有"政府背景""政府准公共服务平台发起""在当地人民政府金融办公室的支持下,由民间借贷中心为主发起,同时牵手当地多家优质小额贷款公司以及资金互助

---

[1] 《浙江工商局公布上半年金融违法广告典型案例》,http://www.zjaic.gov.cn/art/2018/8/14/art_ 1236110_ 20345763.html,最后访问时间:2018年9月25日。

[2] 《浙江工商公布一批投资理财、互联网金融违法广告典型案例》,http://gsj.zj.gov.cn/art/2017/7/19/art_ 1236110_ 8477275.html,最后访问时间:2018年9月25日。

会等机构共同推动筹建的一家互联网金融借贷平台"、"提供本息100%担保"、"年化收益率8%—12%"、"年化收益率15%"等内容的广告。广告使用了国家机关的名义,未对可能存在的风险以及风险责任承担有合理提示或警示,对未来效果、收益或者与其相关的情况作出保证性承诺,明示或者暗示保本、无风险或者保收益。当事人还在网站的"合作伙伴"条目中链接到当地人民政府网站,但实际上双方不存在合作关系。当事人的上述行为违反了《广告法》第八条、第九条之规定。当事人被当地市场监管部门责令停止发布广告,处罚款20万元。①

5. 杭州某民间资本理财服务有限公司发布互联网金融违法广告案

关键词:金融广告·虚假广告 & 承诺收益 & 未合理提示风险

当事人在其网站上发布含有"28%超高收益""国资背景平台(光大金盛国资控股信用无忧)、资金安全保障(5000万元风险垫付准备金100%本息保付)"等内容的广告,未对可能存在的风险以及风险责任承担有合理提示或警示,对未来效果、收益或者与其相关的情况作出保证性承诺,明示或者暗示保本、无风险或者保收益,违反《广告法》第八条规定。当事人被杭州市市场监管部门责令停止发布广告,处罚款10万元。②

6. 宁波某电子商务有限公司发布互联网金融违法广告案

关键词:金融广告·承诺收益 & 未合理提示风险

当事人在其自建网络平台发布含有"信用转贷标,一年投1万元手机有了,一年投5万元出境游有了,一年投100万元小轿车有了"、"安全保障、收益高、理财便捷"、"年化收益率15%—22%,日利率0.01%—0.08%"、"由宁波十鼎电子商务有限公司提供100%本息保障"等内容的广告,未对可能存在的风险以及风险责任承担有合理提示或警示,对未来效果、收益或者与其相关的情况作出保证性承诺,明示或者暗示保本、无风险或者保收益,违反《广告法》第八条、第二十五条规定。当事人被宁波市市场监管部门责令停止发布广告,在相应范

---

① 《浙江工商公布一批投资理财、互联网金融违法广告典型案例》,http://gsj.zj.gov.cn/art/2017/7/19/art_ 1236110_ 8477275.html,最后访问时间:2018年9月25日。

② 同上。

围内消除影响，处罚款 7 万元。①

7. 宁波某电子商务有限公司发布互联网金融虚假广告案

关键词：金融广告·虚假广告 & 承诺收益 & 未合理提示风险

当事人在其自建网站上发布含有"层层过滤，实物抵押零风险"等内容的广告，未对可能存在的风险以及风险责任承担有合理提示或警示，明示或者暗示保本、无风险或者保收益，且无相关证据证明'实物抵押零风险'，属于以虚假或者引人误解的内容欺骗、误导消费者的行为，违反了《广告法》第二十五、二十八条规定。当事人被宁波市市场监管部门责令停止发布广告，在相应范围内消除影响，处罚款 4 万元。②

8. 温州某民间融资信息服务有限公司发布互联网金融虚假广告案

关键词：金融广告·虚假广告 & 承诺收益 & 未合理提示风险

当事人在其经营的网站上发布"震撼来袭增利宝零风险"广告，含有"预期月化收益 10%—20%；当你股票上涨时，让你获得额外收益；当你股票下跌时，减少损失……本投资项目在过程中可能出现的风险和亏损由本公司承担，投资人不承担损失"等内容。经查，上述广告系当事人为增加网站点击率而抄袭其他公司产品发布，实际上没有经营该理财产品，构成发布虚假广告行为，违反《广告法》第二十八条规定。当事人被温州市市场监管部门责令停止发布广告，在相应范围内消除影响，处罚款 1 万元。③

9. 某电子商务股份有限公司发布违法广告案

关键词：金融广告·承诺收益

当事人通过互联网媒介发布金融广告。广告中含有"晋商贷 15%高收益理财，只选大机构 10 元免费注册，高收益告别死工资，15%高收益"等对未来收益的保证性承诺，违反了《广告法》第二十五条等规定。2017 年 4 月，山西省工商局作出行政处罚，责令停止发布违法广

---

① 《浙江工商公布一批投资理财、互联网金融违法广告典型案例》，http：//gsj.zj.gov.cn/art/2017/7/19/art_ 1236110_ 8477275.html，最后访问时间：2018 年 9 月 25 日。

② 同上。

③ 同上。

告，罚款 40 万元。①

10. 山东青岛某电子商务有限公司发布违法广告案

关键词：金融广告·虚假广告 & 承诺收益 & 未合理提示风险

当事人利用宣传单、微信公众号等方式对提供服务的可靠性、稳定性、合法性等情况进行与客观实际情况不符的宣传，广告含有"资金池资金流是永续增加的，保证消费者 100%分红权……有完善的财务管理制度，资金由第三方工商银行监管，专款专用，保证资金无意外损失"等内容，违反了《广告法》第三条、第四条、第二十八条等规定。2017 年 2 月，青岛市城阳区市场监督管理局作出行政处罚，责令停止发布违法广告，在相应范围内消除影响，罚款 20 万元。②

11. "诚信贷"违法广告案

关键词：金融广告·虚假广告 & 承诺收益 & 未合理提示风险

当事人通过 PC 端和手机 APP 端、宣传彩页、在经营场所设置易拉宝等方式，在广告中宣传"100%本金保障"、"稳赚不赔、100%本金收益保障"、"100%本息担保"、"1000 万风险备用金"、"第一品牌"等内容。经查，广告主并未设立 1000 万风险备用金，广告内容虚假；违法含有保证性承诺，并且在 APP 端、宣传彩页等其他广告宣传途径无风险提示。最终由相关行政机关根据《广告法》第八条之规定，责成"诚信贷"停止发布违法广告、消除影响，罚款 20 万元。③

六 网络广告行为规范类

1. 某网络科技公司违法广告案

关键词：网络广告·欺骗诱导用户点击广告内容

当事人通过"XXXX"微信公众号将两条医疗广告、一条餐饮广告和一条房地产广告的标题取为"上百人来 XX 这里免费领油、米、

---

① 《工商总局公布 2017 年虚假违法广告典型案例》，https://news.china.com/finance/11155042/20170825/31188526.html，最后访问时间：2018 年 9 月 25 日。

② 同上。

③ 《工商总局公布违反新〈广告法〉10 大典型案件》，http://www.admaimai.com/news/ad201701042-ad131619.html，最后访问时间：2018 年 9 月 25 日。

纸……你来领到了没有？"以欺骗方式诱使用户点击广告内容，其行为违反了《互联网广告管理暂行办法》第八条第二款之规定，构成以欺骗方式诱使用户点击广告内容的行为。依据《中华人民共和国广告法》第六十三条第二款的规定，2018年7月，该区工商行政管理分局作出行政处罚，责令改正上述违法行为，并处罚款2000元。①

2. 温州某中医门诊部违法网络广告案

关键词：网络广告·发布未经审批的医疗广告 & 页面无法一键关闭

当事人在自己网站页面上发布未经有关部门审批的医疗广告，并且广告页面无法一键关闭。当地市场监督管理局根据《中华人民共和国广告法》第五十八条、第六十三条规定，对当事人作出责令停止发布、在相应范围内消除影响、罚款人民币1.2万元的处罚。②

七 服务类

1. 某二手车交易平台违法广告案

关键词：二手车交易平台广告·欺骗、误导消费者

当事人在自设网站上使用了"全国快速拍卖，速度快，无差价"和"高价放心卖，透明成交快"等广告宣传用语。经查，当事人在经营活动中存在价格不透明、竞拍流程不透明、买卖双方具有多个操作端、卖方收到的车款低于买家支付的购车总款项等问题，广告内容与事实不符，且均未对消费者进行明示，涉嫌欺骗、误导消费者。根据《广告法》第八条的规定，相关行政机关对当事人罚款200万元。③

2. 某公司发布违法广告案

关键词：温泉广告·广告用语与医疗用语混淆

当事人在官网宣传温泉功效中使用了"有助于平衡神经功能，健胃

---

① 《重庆市工商局公布12起2018年典型虚假违法互联网广告案件》，http：//www.xycq.gov.cn/html/content/detail/36509.html，最后访问时间：2018年9月25日。

② 《浙江省工商局发布十起违法广告典型案例》，http：//www.chinapeace.gov.cn/zixun/2016-09/20/content_ 11368373.htm，最后访问时间：2018年9月25日。

③ 《工商总局公布违反新〈广告法〉10大典型案件》，http：//www.admaimai.com/news/ad201701042-ad131619.html，最后访问时间：2018年9月25日。

整肠，促进机体的消化、吸收、代谢功能，对风湿痛、痛风、关节炎等疾病有较好疗效"等与医疗用语相混淆的用语。当事人行为违反了《中华人民共和国广告法》第十七条的规定。依据《中华人民共和国广告法》第五十八条规定，2018年4月，当地市场和质量监督管理局做出行政处罚，责令停止发布违法广告，并处罚款10万元。[①]

3. 某信息港对利用其平台发布违法广告未制止案

关键词：娱乐广告·含有赌博内容

当事人网站平台信息链接内容为'万达娱乐'广告，含有赌博的内容。当事人行为违反了《中华人民共和国广告法》第四十五条的规定。依据《中华人民共和国广告法》第六十四条规定，2018年6月，大庆市市场监督管理局作出行政处罚，责令停止发布违法广告，并处罚款20000元。[②]

4. 某教育科技有限公司发布违法广告案

关键词：教育培训广告·利用受益者形象

当事人在其公司网站及其经营场所内，发布含有利用受益者的名义作推荐、证明内容的广告。当事人行为违反了《中华人民共和国广告法》第二十四条的规定。依据《中华人民共和国广告法》第五十八条规定，2018年5月，上海市浦东新区市场监督管理局作出行政处罚，责令停止发布违法广告，并处罚款10万元。[③]

5. 海南三亚某旅行社有限公司发布虚假违法广告案

关键词：旅游广告·虚假广告

当事人在＊＊网络平台上发布旅游服务促销广告，广告宣传的促销服务内容与客观实际情况不相符合，当事人以虚假或者引人误解的内容欺骗、误导消费者，违反了《广告法》第二十八条的规定。2017年12

[①] 《国家市场监督管理总局公布2018年典型虚假违法互联网广告案件》，http://samr.saic.gov.cn/xw/yw/zj/201807/t20180720_275139.html，最后访问时间：2018年9月25日。

[②] 同上。

[③] 同上。

月，海南省三亚市工商局作出行政处罚，罚款 50 万元。①

6. 福建省某教育服务中心违法广告案

关键词：教育培训广告·虚假广告 & 使用国家机关、国家机关工作人员名义

当事人福建省＊＊教育服务中心在其网站上使用虚构名称'龙岩市红色古田培训中心'，谎称其'隶属于红办，由政府部门主管'，并在广告中宣传龙岩市委宣传部×××同志、龙岩市纪委×××同志、中共龙岩市委党校×××同志为该中心师资力量，还使用其相片做广告宣传。当事人的行为违反了《广告法》第四条、第九条的规定，龙岩市工商局依据《广告法》第五十七条第（一）项规定，责令当事人停止发布广告，合并罚款 75 万元。②

7. 某餐饮公司发布违背社会良好风尚广告案

关键词：餐饮服务广告·违背社会良好风尚

当事人系餐饮管理公司，主营业务是推销和经营炸鸡业务，为吸引消费者和合作伙伴，当事人通过官方网站、微信公众号及合作门店，对发布自主创意的包含"叫了个鸡，没有性生活的鸡、和她有一腿、真踏马好翅"等违背社会良好风尚的广告。2017 年 3 月 15 日，当事人因违反《广告法》第九条发布广告妨碍社会公共秩序或者违背社会良好风尚，被罚款 50 万元。③

---

① 《国家市场监督管理总局公布 2018 年典型虚假违法互联网广告案件》，http：//samr.saic.gov.cn/xw/yw/zj/201807/t20180720_275139.html，最后访问时间：2018 年 9 月 25 日。

② 《福建省工商局关于 2017 年虚假违法广告典型案例的通报》，http://www.fjaic.gov.cn/fjsgsj/zfxxgk/gkml/201802/t20180222_259328.htm，最后访问时间：2018 年 9 月 25 日。

③ 《商家为吸引眼球、赚流量低俗营销 会受何处罚?》，http://district.ce.cn/newarea/roll/201711/13/t20171113_26844551.shtml，最后访问时间：2018 年 9 月 25 日。

后　　记

本书是我主持的国家社科基金项目"网络平台治理法律理论构建和应用研究"（批准号：17BFX166）系列成果之一。

网络广告产业发展和法治实践日新月异，本书从立项之初就定位紧跟时代步伐，在体例安排上为周期性再版预留空间：第一编侧重产业的观察和总结，第二编侧重从主体责任切入分析相关法律制度，第三编以专题形式对程序化购买广告做系统分析介绍，第四编聚焦近些年的典型案例展开评析。未来，我们的编写团队将及时把握最新发展，定期对第一编、第二编和第四编的内容进行更新，吸收最新成果对不同专题进行细化分析。

与几个月前出版的《网络广告治理比较研究》相比，本书同样坚持聚焦问题、立足前沿，在内容上更加聚焦国内网络广告产业发展中的法治问题。这两本书既有国际治理经验的比较借鉴，也有国内法律制度和案例的深入剖析；既从法学视角研究网络广告发展，也从发展视角分析网络广告法治，希望能够为网络广告法治研究提供最新、最权威的参考。

本书的编写充分体现了平台化特征，集中了网络广告法治实践一线的专家团队。在本书编委会主任、中国法学会网络与信息法学研究会常务副会长兼秘书长周汉华教授的指导下，我负责全书总体架构的设计、编写团队的统筹和最后的审校。本书的出版还得到了中国社会科学出版社许琳老师的大力支持。新浪互联网法律研究院秘书长王磊博士做了大量具体协调工作，百度公共政策研究院执行院长张丽君女士对第一编、搜狐法律研究中心主任马晓明博士和该中心的翟晓芳女士对第二编的校对也投入了很大精力。本书具体写作分工如下：

第一编：赵恒、齐磊撰写。

第二编：任张卫、张文君撰写第一章，王喆、杨静撰写第二章，张丽君、马月撰写第三章，马晓明、翟晓芳、张文君、王绍喜撰写第四章。

第三编：孟洁主笔，杜远芳参与撰写。

第四编：王磊主笔，王喆、关伟东、曾凡君参与撰写。

腾讯集团李平、阿里巴巴集团孟兆平、强生（中国）有限公司胡晓佶等对本书也做出了贡献，在此一并致谢！

网络广告法治的系统性研究刚刚开始，期待并感谢您的任何意见建议。欢迎您通过电子邮件与我联系（电子邮箱：zhouhui@cass.org.cn）。

周辉
2018年11月6日